Geh den inneren Weg

HERDER spektrum

Band 4862

Das Buch

Am Schnittpunkt der verschiedenen spirituellen Traditionen, dort, wo es um das Zentrale, Wesentliche geht, sind sich alle Religionen sehr nahe. Dieser weltumspannende Reichtum mystischer Erfahrung spiegelt sich in der hier vorgelegten Textauswahl, die Willigis Jäger, einer der bekanntesten spirituellen Lehrer unserer Zeit, allen seinen Schülern mit auf den Weg gibt. Es sind alte und neue Texte aus Ost und West, die dem Leser unverzichtbare Hilfestellung bei seinem Weg nach innen geben. Der Weg ins Namenlose, so wissen die großen Meister, geht über das Wort. Willigis Jäger lag sehr daran, der Textauswahl einen transkonfessionellen Charakter zu geben. So stellt das Buch einen wertvollen Wegbegleiter für den heutigen Menschen auf dem inneren Weg dar.

Der Herausgeber

Willigis Jäger gründete und leitet das Meditationszentrum *„St. Benedikt“* in Würzburg. Seine Kurstätigkeit erstreckt sich darüber hinaus auf das europäische Ausland und die USA. Seit 1981 ist er Lehrbeauftragter für Zen in der Sanbo-Kyodan-Schule.

Geh den inneren Weg

Texte der Achtsamkeit und Kontemplation

Herausgegeben und eingeleitet von Willigis Jäger

HERDER

FREIBURG · BASEL · WIEN

Gedruckt auf umweltfreundlichem,
chlorfrei gebleichtem Papier

7. Auflage

www.herder.de
Herstellung: fgb · freiburger graphische betriebe 2003
www.fgb.de
Umschlaggestaltung und Konzeption:
R·M·E München / Roland Eschlbeck, Liana Tuchel
Umschlagmotiv: Chartre, La Cathédrale, Le Labyrinthe, 12. Jhdt.
ISBN 3-451-04862-0

Der Weg ist das Ziel!

Hinter jeder Biegung suchte ich
und fand Dich nicht.
Wie in einem Labyrinth irrte ich umher.
Es trieb mich vom Weg ab
in die andere Richtung
wie ich meinte
nach außen
nicht zu Dir,
den ich suchte.
Verzweifelt kletterte ich
über Hindernisse und Zäune
bis ich merkte,
ich war schon immer da.
Der Weg ist das Ziel!

(Willigis Jäger)

Inhalt

Einleitung

Jenseits von Wort und Weihrauch

*D*as vorliegende Textbuch enthält Gedichte und Prosastücke von Autoren, die zeitlich wie auch kulturell in den unterschiedlichsten Epochen, Konfessionen und gesellschaftlichen Strukturen ihr Zuhause hatten oder haben. Trotz dieser sehr breiten Fächerung haben alle diese Texte für mich eines gemeinsam: Sie sind eindeutige Zeugnisse einer Erfahrung, die unberührt bleibt von Ort und Zeit, Religion, Bildung und sozialer Zugehörigkeit des Verfassers. Ich nenne diese Art der Erfahrung „transkonfessionelle Erfahrung“ und die spirituellen Wege, die in die Erfahrung führen, „transkonfessionelle Spiritualität“.

Die wahre Einheit der Religionen. Die Erste Wirklichkeit, die wir Abendländer seit einigen Jahrtausenden Gott nennen, wird von den einzelnen Religionen verschieden benannt: das Absolute, Gottheit, Tao, Sunyata, Nirvana. Sie entzieht sich letztlich jeder Benennung oder Sichtbarmachung durch Verstand und Sinne. Der Versuch, dieser Ersten Wirklichkeit einen für alle akzeptierbaren Namen zu geben, trennt die Religionen. Daher kam es in der Geschichte immer wieder zu Glaubenskriegen, zu Verfolgungen, Verleumdungen, Herabsetzungen usw. Heute sind wir, wenn auch nicht durchwegs, wenigstens beim Dialog angekommen. Religionen sind Wege, auf denen der Mensch zu seinem Ursprung zurückfinden soll, zu dem, was wir unser tiefstes Wesen nennen oder auch das Göttliche in allem, was existiert. Da wir einen Namen brauchen, wenn wir davon sprechen, nenne ich diesen Urgrund „Erste Wirklichkeit“. Darunter verstehe ich keine Person, sondern jenen nicht beschreibbaren Hintergrund aller Religionen und spirituellen Wege. Aber man kann auch weiterhin Gott sagen, wenn das Wort so verstanden wird.

Religion ist zu vergleichen mit dem Mond, der die Erde erleuchtet, aber seine Kraft von der Sonne bekommt. Er hat aus sich heraus keine Kraft. Sein Leuchten ist nur der Widerschein der Sonne. Wenn der Mond sich zwischen Sonne und Erde schiebt, gibt es eine Sonnenfinsternis, und es wird dunkel auf der Erde. Das Göttliche ist zu vergleichen mit der Sonne. Es strahlt die Religion an, damit sie dem Menschen leuchtet und ihn im Dunkel seines Suchens begleitet. Wenn die Religion sich aber zu wichtig nimmt und sich zwischen Gott und Mensch schiebt, verdunkelt sie Gott. Es gibt eine Gottesfinsternis. Das gilt für alle Religionen. Während meines langen Aufenthaltes in Japan überraschte mich immer wieder, wie rasch junge Abendländer Buddhisten oder sogar Mönche wurden, sich die Haare scheren ließen und ein schwarzes Gewand anzogen. Sie merkten nicht, daß sie im Grunde nur wieder in ein religiöses System einstiegen.

Religionen sind vergleichbar mit Glasfenstern. Sie bleiben dunkel, wenn sie nicht von hinten durch das Licht erhellt werden. Dieses Urlicht ist dem Verstand und den Sinnen nicht greifbar. Im Glasfenster aber bekommt es Struktur und wird für jeden Menschen erkennbar. Wir sollten jedoch nie vergessen, daß nicht das Glasfenster das Letzte ist, sondern das Licht, das dahinter leuchtet. Religion hat oft die Tendenz, ihre Anhänger auf die Strukturen des Fensters festzulegen. Nur wenige sagen ganz offen, daß heilige Schriften, Symbole und Riten nur die Finger sind, die auf den Mond zeigen, aber nicht der Mond (die Wahrheit) selbst. Die Einheit der Religionen kann nie in ihren Aussagen, Bildern, Symbolen und Liturgien liegen, sie liegt in der Erfahrung dessen, was Worte, Bilder und Riten kundtun wollen. Darum ist die wahre Einheit nur in der Mystik der Religionen zu finden. Nur wer hinter all den Strukturen die Erste Wirklichkeit erfährt, hat Sinn und Ziel der Religion verwirklicht. Es bleibt daher für die Religionen wichtig, ihre Begriffe, Symbole und Bilder durchsichtig zu halten, damit sie das, was sie offenbaren wollen, nicht verdecken. Das gilt für die vielfältigen Gruppierungen im Buddhismus und Hinduismus genau so wie für die theistischen Religionen.

In ihrem Ziel sind sich die Religionen einig. Wenn man bis ins Mark vordringt, stößt man auf dieselbe Wahrheit. Sie ist nur verschieden benannt. In ihren Wegen zu dieser letzten Wahrheit und in ihrem Versuch, sie zu benennen, unterscheiden sie sich. Ich meine sogar, daß wir die Vielfalt brauchen, um möglichst viele Facetten des Göttlichen in Bildern und Worten zu erfassen. Darin liegt die Bedeutung der Religionen, die Menschen immer wieder auf diese Wirklichkeit zu verweisen, die hinter allen Bildern und Konzepten liegt. Sie waren und sind in der Menschheitsgeschichte wichtige Wegweiser in diese andere Dimension. Daß sie ihre Aufgabe nicht voll erfüllen konnten, liegt wohl in der egozentrischen Verfaßtheit des gegenwärtigen Menschen. Der Kosmos ist eine große Symphonie, die in vielen Variationen erklingt. Niemand hat sie komponiert, niemand dirigiert sie von außen. ES erklingt als diese Symphonie. Jede Form ist eine ganz individuelle Note, einmalig und unverwechselbar. Darin liegt auch unsere Würde und Individualität.

Jede Mystik ist letztlich transkonfessionell. Das führt oft zu provokativen Texten der Mystiker. Rumi sagt: „Das Kreuz und die Christen nahm ich von allen Seiten in Augenschein. Er war nicht am Kreuz. Ich ging zum Hindu-Tempel, zu der alten Pagode. An beiden Orten fand ich keine Spur von ihm. Ich ging zu den Höhen von Herat und nach Kandahar, schaute mich um. Er war nicht auf den Höhen und nicht in der Niederung. Entschlossen stieg ich zur Spitze des Kaf-Berges. Dort wohnte nur der Anqa-Vogel. Ich ging zur Kaaba und traf ihn dort nicht. Ich fragte Ibn Sina nach seinem Wesen: Er war jenseits der Definitionen des Philosophen Avicenna … Ich schaute in mein eigens Herz. An diesem Orte sah ich ihn. Er ist an keinem anderen Ort …“ Dabei war Rumi ein frommer Moslem und wollte seine Religion bestimmt nicht heruntersetzen. Aber letztlich zählte für ihn die Wahrheit, die er erfahren hatte.

Kabir drückt das gleiche in einem Gedicht so aus: „O, der du Mir dienst, wo suchst du Mich? Siehe, Ich bin bei dir. Ich bin weder im Tempel, noch in der Moschee, weder in der Kaaba, noch auf dem Kai-

lash. Weder bin Ich in Riten und Zeremonien, noch in Yoga oder Entsagung. Wenn du ein wahrhaft Suchender bist, wirst du Mich sogleich sehen, Mir begegnen im gleichen Augenblick. Kabir sagt: O Sadhu! Gott ist der Atem allen Atems" (Kabir, S. 1).
Von Johannes v. Kreuz schreibt John Chapman, ein christlicher Spiritual, der ein großer Ratgeber und Begleiter für Menschen auf ihrem spirituellen Weg war, daß er Johannes mißverstanden habe, bis er den zeitlosen Mystiker in ihm entdeckte: „Der heilige Johannes vom Kreuz ist wie ein mit Christentum vollgesaugter Schwamm. Drückt man alles heraus, bleibt die volle mystische Theorie zurück. Infolgedessen habe ich Johannes vom Kreuz fünfzehn Jahre lang gehaßt und einen Buddhisten genannt. Ich liebte die heilige Teresa und las sie immer wieder und immer wieder. Sie ist zuerst Christin und nur in zweiter Linie Mystikerin. Dann ging mir auf, daß ich – was das Beten anging – fünfzehn Jahre vergeudet hatte."

Wer die Quelle kennt, trinkt nicht aus dem Krug. In der Erfahrung der Wirklichkeit liegt für den Mystiker die wahre Bedeutung der Religion. Hier liegt auch die wirkliche Einheit. Das interkonfessionelle Gespräch ist von großer Bedeutung. Ebenso die Schaffung eines Weltethos durch die Religionen. Aber die wahre Einheit der Religionen liegt in der Erfahrung dessen, was ihre heiligen Bücher und Rituale verkünden. Letztlich sind Bekenntnisse nur verschiedene Aufstiege, die zum gleichen Gipfel führen sollen. Die Wahrheit kann nur Eine sein. – Ein spiritueller Weg läßt sich an jedem Ort gehen. Er braucht keine Religion, kein Dogma, keine organisierte Gemeinschaft, keinen Tempel und keine Kathedrale, man muß sich nicht die Haare scheren lassen und keine schwarzen Gewänder anziehen. Er läßt sich in jeder denkbaren Gesellschaftsform verwirklichen, ganz gleich, welche religiösen oder allgemeinmenschlichen Züge sie verfolgt. Alle Menschen haben eine Grundstruktur, die ihnen den mystischen Weg ermöglicht. Eckehart sagt daher: „Denn wahrlich, wenn einer wähnt, in Innerlichkeit, Andacht, süßer Verzücktheit und in besonderer Begnadung Gottes mehr zu bekommen als beim Herdfeuer oder im Stalle, so tust du nicht anders, als ob du Gott nähmest, wändest ihm einen Mantel um

das Haupt und schöbest ihn unter eine Bank. Denn wer Gott in einer (bestimmten) Weise sucht, der nimmt die Weise und verfehlt Gott, der in der Weise verborgen ist“ (Pred. 6).
Ein geflügeltes Zen-Wort sagt: „Zen ist nicht in der Überlieferung der Schriften.“ Mystiker lehnen die Religion nicht ab. Sie verweisen nur auf das Eigentliche, das sich hinter Worten und Bildern verbirgt. Sie möchten die Urerfahrung der Ersten Wirklichkeit ganz persönlich zum Ausdruck bringen. Die Institutionen wollen das nicht hinnehmen. Daher wurde z. B. der Sufi Halladsch hingerichtet. Er sagte: „Ungläubig ward ich nun für Gottes Religion: Mir ist Unglaube Pflicht – doch schlecht bei den Muslimen! Dann sprach ER zu mir: ‚Kehre um und folge mir nicht; es könnte dir schaden!‘“ (Halladsch, S. 66). D. h.: Du könntest deswegen verfolgt werden, was auch tatsächlich geschah. Oder er rief: „Ich bin der, den ich liebe, und der, den ich liebe, ist ich“ (Halladsch, S. 23).
Mystiker wählten daher oft die Sprache der Dichtung. Sie ist meist unverfänglicher, kann aber von den Eingeweihten gedeutet werden. So ist z. B. das „Hohe Lied“ im Alten Testament ein sehr profanes Liebeslied. Für den Mystiker verbergen sich darin aber innigste Erfahrungen mit Gott, dem über alles Geliebten.

Der Weg in die Erfahrung führt über die Sinne und den Körper. In der christlichen Mystik war das allerdings selten der Fall. Der Körper war vielmehr verachtet. Ein manichäischer Rest, der sich als Verachtung des Körpers, der Sexualität und auch der Frau zeigte, hinderte christliche Mystiker oft in ihrer Ausdrucksweise. Die Erfahrungen mußten „redogmatisiert“ werden, um nicht mit der Institution in Konflikt zu geraten. Liest man jedoch ihre Gedichte, dann erfährt man, daß auch bei ihnen die Erfahrung oft über die Sinne und den Körper lief. Das Sichtbare, Hörbare und Spürbare führte in die Leerheit und aus der Leerheit zur Realisation der Wirklichkeit und die Rückkehr ins Leben.

Wenn die religiösen Bilder und Konzepte fallen, wenn der religiöse Unterbau, der Halt gegeben hat, wegbricht, kommt die erste schwere Krise. Das gilt für Buddhisten und ihre Konzepte von der Leerheit, von ihren Vorstellungen von Bodhisattvas und Wiedergeburt genauso wie für die Theisten. Der alte Glaube gibt keine Sicherheit mehr. „Gott ist tot." „Töte Buddha, wenn du ihm begegnest", hören die Zen-Schüler. Die mystische Literatur ist voller Klagen. „Warum bin ich in die Wüste geführt worden, warum muß ich durch diese Nacht gehen? Warum fühle ich mich verlassen?" „Der große Zweifel" erschüttert die bis jetzt so festen Fundamente. Das Leben verliert seinen Geschmack. Die „Nacht der Sinne und des Geistes" läßt es öde und fad erscheinen. Aber der Mensch ahnt trotz aller Unsicherheit, daß es eine Heimat gibt, wo er hingehört, wo alles in Ordnung ist. Immer wieder sagen mir Menschen, daß sie ihre Eltern als Kinder schockiert haben mit der Bemerkung: „Ich bin nicht euer Kind. Ich komme woanders her." Sie haben sich gleichsam eine Erinnerung an ihre wahre Herkunft bewahrt.

DER TOD DES ICH. Die letzte Stufe auf dem Weg in die Realisation der Wirklichkeit ist der Tod des Ich. Der Tod des Ich ist die Voraussetzung für die Erfahrung des Einen. Wo kein Ich mehr ist, ist auch kein Gegenüber, auch kein Gott. Auch wenn die Mystik dieses Wort Gott immer noch zur Bezeichnung dieser namenlosen Wirklichkeit gebraucht, haftet ihm nichts Personales mehr an. Alle Hoffnungsbilder und religiösen Versprechen fallen wie ein Kartenhaus zusammen. Es bleibt das, was die Mystik mit Nichts bezeichnet. Dieses Nichts, das Eckehart Gottheit nennt, Zen Leerheit und Johannes v. Kreuz Nada, ist Ziel und Quelle zugleich. Für Johannes vom Kreuz führt bereits der Aufstieg über die Stufen des „Nada" auf den Berg und auf dem Gipfel des Berges ebenfalls „Nada". Hier gibt es auch keine Religion mehr. Die Erfahrung ist transkonfessionell, transpersonal, nicht-dual und jenseits aller Konzepte. Damit hört die Umschreibung mit Begriffen auf. Die mystischen Texte aber lassen ahnen, daß diese Leerheit nicht leer ist und das Nichts nicht nichts ist. – Damit ist aber nicht das Ende des Weges erreicht. Es ist gleichzeitig Wendepunkt und führt zurück ins Leben, und damit geschieht die Integration der Erfahrung in den Alltag. Über das Nichts führt der Weg ins Alles. Immer wieder brechen Menschen in diese Erfahrung durch. So schrieb mir vor ein paar Tagen eine Schülerin: „Im Nichts angekommen, wird alles zu nichts. Es gibt hier kein Gesetz, kein gut und böse, kein Leben und keinen Tod. Keinen Gott, keine Erlösung, keine Sünden, kein Karma. Keine guten und keine bösen Absichten, keine Vorstellungen mehr, keine Werte mehr. Kein morgen und kein gestern. Nur dieser eine wunderbare Augenblick. Ich bin absolut frei. Es ist mein Zuhause, es ist unser aller Zuhause. Es gibt nichts, keinen Menschen, kein Ding, kein Tier, kein Staubkorn, das nicht aus ihm entspringt. Es ist wunderbar. In mir ist absoluter Frieden und Liebe."

DER WEG NACH INNEN IST DER WEG NACH AUSSEN. Dieser Prozeß zurück in den Alltag wird in einer alten Geschichte erzählt. „Ein Mann hackte Holz am Rande eines Waldes und verdiente sich damit seinen Lebensunterhalt. Als ein Einsiedler des Weges kam, fragte er diesen nach einem Wort fürs Leben. Der Einsiedler sagte: ‚Gehe tiefer in den Wald!' Der Mann ging tiefer in den Wald und fand schöne Bäume, er fällte sie und verkaufte sie als Bauholz. Er wurde wohlhabend. Eines Tages fiel ihm ein, daß der Einsiedler sagte: ‚Gehe tiefer in den Wald!' Er ging tiefer in den Wald und fand eine Silbergrube. Er baute sie ab und wurde sehr reich. Aber eines Tages fiel ihm ein, der Einsiedler hat ja gesagt: ‚Gehe tiefer in den Wald!' und so machte er sich wieder auf und ging tiefer in den Wald. Er fand wunderbare Edelsteine (Symbol für Erleuchtung). Er freute sich daran, aber dann fiel ihm das Wort des Einsiedlers ein: ‚Gehe tiefer in den Wald!' Er machte sich noch einmal auf und ging tiefer in den Wald, und eines Morgens stand er wieder am Waldrand, wo er angefangen hatte, Brennholz zu schlagen."

MYSTIK WIRD OFT VERWECHSELT MIT VERZÜCKUNG, ELEVATION, PRÄKOGNITION, VISIONEN. Für die echte Mystik sind das parapsychische Phänomene, die zwar für den einzelnen auf dem Weg eine gewisse Bedeutung haben können, aber von der echten Mystik des Ostens und des Westens mehr als Hindernis gewertet werden. Wer einen Erfahrensweg bis zum Ende geht, kommt wieder in den Alltag. Dort hat sich alle Erfahrung zu bewähren. Ziel ist nicht eine abgehobene Ekstase, sondern die volle Entfaltung unseres Menschseins. Schauplatz ist der Alltag, der Marktplatz, oder, wie es einer formuliert hat, der Haupt-

bahnhof, auf dem das Mysterium stattfindet. Das letzte Ochsenbild aus der Zengeschichte „Der Ochs und sein Hirte“ zeigt besonders deutlich, daß es um den Alltag geht. Der zehnte Vers lautet: „Mit entblößter Brust und nackten Füßen kommt er herein auf den Markt. Das Gesicht mit Erde beschmiert, der Kopf mit Asche über und über bestreut. Seine Wangen überströmt ein mächtiges Lachen. Ohne Geheimnis und Wunder zu mühen, läßt er jäh die dürren Bäume erblühen.“
Eckehart macht das am Beispiel von Maria und Martha klar. Entgegen der herkömmlichen Auslegung meint er in einer Predigt, daß Martha weiter ist als Maria: „Lausche auf das Wunder! Wie wunderbar: draußen und zugleich drinnen, begreifen und umgriffen werden, schauen und das Geschaute selbst sein, halten und gehalten werden – das ist das Ziel, wo der Geist in Ruhe verharrt, der lieben Ewigkeit vereint. ... Martha fürchtet, daß ihre Schwester im Wohlgefühl und in der Süße stecken bliebe, und wünschte, daß sie würde wie sie selbst“ (Eckehart Pr. 28). Maria muß durch ihre Erleuchtungserfahrung noch hindurchgehen, um wieder in den Alltag zu kommen. Dort, in den einfachen Dingen des Lebens, gilt es, die göttliche Wirklichkeit zu erfahren. Diese Beispiele zeigen wesentliche Charakteristika der mystischen Erfahrung im transpersonalen Bewußtseinsraum: Diese flieht nicht in die uroborische Einheit eines falschen Paradieseszustandes. Im Gegenteil: Sie hat sich immer aus den Armen der „Großen Mutter“ befreit. Erich Neumann nennt die falsche Mystik uroborische Pseudo-Mystik, diese ist weltverneinend, ja weltverachtend.

ECHTE MYSTIK IST WELTBEJAHEND. Sie bejaht nicht nur Welt und Mensch, sondern auch den Geschichtsprozeß in der Zeit. Denn der Mystiker erfährt ja alles als Ausdrucksform der Urwirklichkeit. Sein kosmisches Bewußtsein läßt ihn nicht auf ein zukünftiges Jenseits warten, auf einen Himmel oder eine bessere Wiedergeburt. Die Vollendung liegt vielmehr im Hier und Jetzt. Sie ist nur verborgen. Wenn der Mensch seine fast kindhafte Homozentrik und Geozentrik überwunden hat, weiß er sich in den evolutionären Prozeß, in dem sich die Leerheit entfaltet, eingebunden. Unio mystica, Satori erscheint als Geborenwerden und Sterben, das Gute wie auch das sogenannte Böse wird zum Vollzug des Lebens im Hier und Jetzt erfahren. Dadurch, daß die Leerheit schaffend und gebärend ist, ist sie ihrem tiefsten Wesen nach weltbejahend. Die Erfahrung dieser Wirklichkeit läßt auch den Mystiker schöpferisch und weltbejahend werden. Aus diesen Grundgegebenheiten leitet sich auch die Verantwortung des Menschen für die Welt ab. „Der schöpferische Mystiker war von jeher das Kreuz der Kirche. Aber diesen Leuten verdankt die Menschheit ihr Bestes", schreibt C. G. Jung (Jung, S. 360).

WARUM DANN NOCH CHRIST SEIN? Das Christentum ist der Ausgangspunkt meines spirituellen Weges. Ich finde in der theistischen Mystik genau das gleiche wie in der Mystik der östlichen Religionen. Mein Meister Yamada Koun hätte sich gewundert, wenn ich Buddhist geworden wäre, als ob in der buddhistischen Religion etwas wesentlich anderes zu finden wäre als im Christentum. Natürlich sehe ich die Unvollkommenheit der christlichen Religion, aber diese Unvollkommenheit finde ich in allen Religionen. Gerade jetzt ist ein Buch erschienen, in dem aufgezeigt wird, wie sehr Buddhismus und Zen im letzten Krieg in die Kriegspropaganda Japans verwickelt waren.

WARUM NOCH RITUALE? Das Gesagte hindert mich nicht, christliche und auch buddhistische Rituale zu praktizieren. Was ich erfahren habe, möchte ich auch nach außen zum Ausdruck bringen, möchte ich feiern. In den Religionen finde ich uralte Menschheitsriten, die keine einzelne Religion für sich allein beanspruchen kann. Das hat nichts mit Synkretismus zu tun, sondern mit der Einheit menschlichen Empfindens. *Warum noch „Gott" sagen?* Wir brauchen als Menschen Worte und Bilder, um von dieser Wirklichkeit zu künden und diese Wirklichkeit zu feiern. *Warum noch beten?* Beten aktiviert ein Naturgesetz auf einer höheren Ebene. Wer für jemand betet, wer für jemand mit Liebe und Wohlwollen da ist, aktiviert Energien des Heilens und Helfens. Es sind nicht personale Energien. Es sind kosmische Energien, die zu den Evolutionären Strukturen gehören. Liebe ist das Weltbaugesetz, wie bei anderen Gelegenheiten erläutert.

Ein neues Paradigma der Religion ist im Entstehen. Das alte Paradigma lautete: Wir sind materielle Wesen, die Geist entwickelt haben. Das neue Paradigma lautet: Wir sind spirituelle Wesen, die diese personale Erfahrung machen. Wir sind etwas, können es aber nicht erkennen. Wir sind nicht abgefallen von Gott, wie die Ursünde uns das deuten will. Wir haben nur vergessen, daß wir aus Gott sind. Wir halten uns für den Strand, der nach dem Meer lechzt. Wir sind das Meer, das mit dem Strand spielt. In dieser Erkenntnis liegt die Zukunft unserer Spezies. Die Trendwende in den Religionen hat begonnen.

Vielleicht können Sie auf dem Hintergrund dieser Ausführungen die Gliederung dieses Buches besser verstehen. Sie ist weder chronologisch noch alphabetisch noch folgt sie der Einteilung nach Konfessionen oder Zeitgeschichte. Sie versucht die Texte vielmehr den Stationen auf dem spirituellen Weg zuzuordnen. Zum Schluß möchte ich noch erwähnen, daß diese Texte bereits viele Menschen auf ihrem spirituellen Weg begleiten. Umrahmt von einer kleinen Zeremonie werden sie immer wieder gemeinsam und auch individuell rezitiert. Sie bilden den Beginn und den Abschluß der morgendlichen und abendlichen Übungen im Haus St. Benedikt in Würzburg.

Willigis Jäger

Literatur

Halladsch, O Leute, rettet mich vor Gott, Herder TB 1240

Kabir, Im Garten der Gottesliebe, Heidelberg, 1984

Quint J., Meister Eckehart, München 1977

Jung C. G., Mensch und Seele, Walter Verlag Olten, 1971

Danksagung

Für die Mitarbeit an diesem Buch danke ich vor allem Beatrice Grimm, Laila Schmid, Hartmut Baur und Alexander Poraj-Zakiej.

Das Denkbare

Geh, verlaß die Heimat

Geh, verlaß die Heimat,
die Welt, darin du geboren bist,
darin du dich eingerichtet hast –
das Haus voll von den Namen der Dinge, die um dich sind,
laß alles, was dir die Sprache über sie zu wissen gibt,
laß auch alles, was dir die Wissenschaft über sie vorspricht,
laß auch die Begriffe, mit denen du nach den Dingen greifst –
laß dieses Haus hinter dir, geh!

Dann wirst du, vielleicht wirst du dann dem Anderen begegnen,
für das du weder Namen noch Wissen noch Begriffe hast,
dem ur- und ingründig Wirklichen und Wirkenden begegnen.

Du wirst schauen …
Dann ist kein Ding mehr,
was es dir zuvor gewesen,
ein jedes, eins um das andere,
wird dir einen Namen sagen, den du nicht nachsprechen kannst.

Und dann wird dir,
vielleicht wird dir dann aus allem und jedem,
das um dich ist, das Unnennbare erscheinen,
und du wirst jene Stimme hören,
die du noch nie gehört,
sehr nah und gewaltig wirst du sie rufen hören:
ICH BIN DA!

(Fridolin Stier)

Verloren im Gedachten

Wir gehen immer verloren, wenn uns das Denken befällt
und werden wiedergeboren, wenn wir uns ahnend der Welt

anvertrauen und treiben –, wie die Wolken im hellen Wind
denn alle Grenzen, die bleiben, sind ferner als Himmel sind

Und es will vieles werden, aber wir greifen es kaum
wie lang sind wir der Erden ängstlich noch im Traum?

Fragwürdig noch wie lange, da alles sich schon besinnt
da das, was einstens so bange, schon klarer vorüberrinnt.

Daß uns ein Sanftes geschehe, wenn uns der Himmel berührt
wenn seine atmende Nähe uns ganz zum Hiersein verführt.

(Jean Gebser)

Die Zeche der Wissenschaftler

„... der erste Trunk aus dem Becher der Naturwissenschaft macht atheistisch,
aber auf dem Grund des Bechers wartet GOTT"

(Heisenberg)

Religion und Wissenschaft

„Wohin und wieweit wir also blicken mögen, zwischen Religion und Naturwissenschaft
finden wir nirgends einen Widerspruch, wohl aber gerade in den entscheidenden
Punkten volle Übereinstimmung.
Religion und Naturwissenschaft schließen sich nicht aus, wie

heutzutage manche glauben und fürchten, sondern sie ergänzen und bedingen einander. –
Gott steht für den Gläubigen am Anfang, für den Physiker am Ende alles Denkens.“

(Max Planck)

Die Demut des Wissens

„Die Naturforscher wollten Gott von Angesicht zu Angesicht sehen.
Da das nicht möglich war, beteuerte ihre exakte Wissenschaft, daß es ihn nicht gebe.
Um wie vieles sind wir Naturforscher bescheidener geworden.
Wir beugen uns in Demut vor dem Übergroßen,
vor dem Übermächtigen, dem ewig Unsichtbaren,
dem niemals Erfaßbaren.“

(Max von Laue)

Versuch einer Beschreibung

Da ist nichts als Wasser
in den heiligen Bädern;
und ich weiß, daß sie nutzlos,
denn ich habe gebadet in ihnen.
Ohne Leben sind alle Bilder,
sie können nicht sprechen;
ich weiß, denn ich schrie sie laut an.
Koran und Purana sind nichts als Worte,
lüftend den Schleier hab' ich's gesehen.
Kabir gibt Ausdruck den Worten,
die auf Erfahrung beruhn,
und er weiß sehr wohl,
daß alles andere
unwahr ist.

(Kabir)

Über den Sinn von Worten

Aber daß sich niemand überhebe:
Auch Worte haben einen Sinn.
Unsere Theologie ist nicht sinnnlos.
Denn sie ist doch der Weg,
und der Wegweiser,
der uns zu Gott bringt.
Ohne sie wird es nicht gehen.
Denn wer ohne Theologie,
ohne vorher durch Worte geschritten zu sein,
zu schweigen beginnt:
Dessen Schweigen kann dann auch nicht sprechen.
Dessen Schweigen ist nicht Gottes Gegenwart,
sondern nur menschliche Leere.

Denn wir brauchen doch Gottesbilder,
gute, richtige Gottesbilder,
damit wir nicht einen falschen Weg beschreiten.

Denn es ist doch wichtig,
daß Gott eher Leben als Luft,
eher Güte als Stein ist.

(Dionysius Areopagita)

Sichtung von Worten

Einer betrachtet sein Werk,
ein Theologe.
Er hat viel geschrieben,
viel über Gott geschrieben.

Er hat Theologie getrieben
und hat erläutert,
was man an Grundsätzen des Glaubens kennt:

Alle Hypothesen für Gott,
alle richtigen Hypothesen für Gott.
Alles, was Menschen unter Anleitung
des Geistes und des Sohnes
über Gott sagen können und dürfen.

Aber ist Gott damit vollständig gesagt?

(Dionysius Areopagita)

Sichtung von Worten II

Eigenartig:
Je näher eine Theologie Gott kommt,
desto stiller wird sie.
Über Bilder,
über Bilder von Gott,
läßt sich vieles sagen.

Über Gottes Zorn und Gottes Liebe,
über Gottes Strafen und Gottes Vergeben,
über Gottes Wandern und Gottes Bleiben,
über das Anblicken Gottes, wie es einem Menschen widerfährt.
Darüber lassen sich viele Worte machen.

Aber über das Wesen Gottes,
über die Namen Gottes,
über das, was Gott nun wirklich ist,
jenseits der Bilder,
mit denen wir von ihm reden:

Da werden die Worte spärlich und knapp.

(Dionysius Areopagita)

Danach …

Freilich ist es seltsam, die Erde nicht mehr zu bewohnen,
kaum erlernte Gebräuche nicht mehr zu üben,
Rosen, und andern eigens versprechenden Dingen
Nicht die Bedeutung menschlicher Zukunft zu geben;
Das, was man war in unendlich ängstlichen Händen,
nicht mehr zu sein, und selbst den eigenen Namen
wegzulassen wie ein zerbrochenes Spielzeug.
Seltsam, die Wünsche nicht weiterzuwünschen. Seltsam,
alles, was sich bezog, so lose im Raume
flattern zu sehen. Und das Totsein ist mühsam
und voller Nachholn, daß man allmählich ein wenig
Ewigkeit spürt. – Aber Lebendige machen
alle den Fehler, daß sie zu stark unterscheiden.
Engel (sagt man) wüßten oft nicht, ob sie unter
Lebenden gehen oder Toten. Die ewige Strömung
reißt durch beide Bereiche alle Alter
immer mit sich und übertönt sie in beiden.

(Rainer Maria Rilke)

Gott stirbt nicht …

Gott stirbt nicht an dem Tag,
an dem wir nicht länger an eine persönliche Gottheit glauben,
aber wir sterben an dem Tag,
an dem das Leben für uns nicht länger
von dem stets wiedergeschenkten Glanz des Wunders durchstrahlt wird,
von Lichtquellen jenseits aller Vernunft.

(Dag Hammarskjöld)

Ausgesetzt auf den Bergen des Herzens

Ausgesetzt auf den Bergen des Herzens. Siehe, wie klein dort
siehe: die letzte Ortschaft der Worte, und höher,
aber wie klein auch, noch ein letztes
Gehört von Gefühl. Erkennst du's?
Ausgesetzt auf den Bergen des Herzens. Steingrund
unter den Händen. Hier blüht wohl
einges auf; auf stummen Absturz
blüht ein unwissendes Kraut singend hervor.
Aber der Wissende? Ach, der zu wissen begann
und schweigt nun, ausgesetzt auf den Bergen des Herzens.
Da geht wohl, heilen Bewußtseins,
manches umher, manches gesicherte Bergtier,
wechselt und weilt. Und der große geborgene Vogel
kreist um der Gipfel reine Verweigerung. – Aber
ungeborgen, hier auf den Bergen des Herzens ...

(Rainer Maria Rilke)

Menschenwerk

Wir bauen Bilder vor dir auf wie Wände;
so daß schon tausend Mauern um dich stehn.
Denn dich verhüllen unsre frommen Hände,
sooft dich unsere Herzen offen sehn.

(Rainer Maria Rilke)

Der Spaziergang

„Ich erzähle nunmehr die Geschichte des Zarathustra. Die Grundkonzeption des Werkes, der Ewige-Wiederkunfts-Gedanke, diese höchste Formel der Bejahung, die überhaupt erreicht werden kann –, gehört in den August des Jahres 1881: er ist auf ein Blatt hingeworfen, mit der Unterschrift:
6000 Fuß jenseits von Mensch und Zeit. – Ich ging an jenem Tage am See von Silvaplana durch die Wälder; bei einem mächtigen pyramidal aufgetürmten Block unweit Surlei machte ich Halt. –
Rechne ich von diesem Tage ein paar Monate zurück, so finde ich als Vorzeichen eine plötzliche und im Tiefsten entscheidende Veränderung meines Geschmacks, vor allem in der Musik." –
„Der Begriff Offenbarung, in dem Sinn, daß plötzlich, mit unsäglicher Sicherheit und Feinheit, etwas sichtbar, hörbar wird, etwas, das einen im Tiefsten erschüttert und umwirft, beschreibt einfach den Tatbestand. Man hört, man sucht nicht; man nimmt, man fragt nicht, wer gibt; wie ein Blitz leuchtet ein Gedanke auf, mit Notwendigkeit, in der Form ohne Zögern, – ich habe nie eine Wahl gehabt.
Eine Entzückung, deren ungeheure Spannung sich mitunter in einen Tränenstrom auslöst; bei der der Schritt unwillkürlich bald stürmt, bald langsam wird; ein vollkommenes Außer-sich-sein mit dem distinktesten Bewußtsein einer Unzahl feiner Schauder und Überrieselungen ...; eine Glückstiefe, in der das Schmerzlichste und Düsterste nicht als Gegensatz wirkt, sondern als bedingt, als herausgefordert ... – die Länge, das Bedürfnis nach einem weitgespannten Rhythmus ist beinahe das Maß für die Gewalt der Inspiration ... Alles geschieht im höchsten Grade unfreiwillig, aber wie in einem Sturme von Freiheitsgefühl, von Unbedingtsein, von Macht, von Göttlichkeit ... Es scheint wirklich, um an ein Wort Zarathustras zu erinnern, als ob die Dinge selber herankämen und sich zum Gleichnis anböten ..."

(Nietzsche)

Herbstlich empfunden

Die Rose wird aus Furcht vor dem Herbst den Garten verlassen.
So wird sein Name vergehen,
wenn du versuchst, ihn zu benennen.
Du wirst nicht einmal sagen können: Dieser hier ist vergangen.
Was für ein Bild auch immer du dir von ihm machst,
es wird vom Tische fliegen und aus deiner Seele schwinden.

(Erfahrungsbericht)

„Ich will"

Alle, welche dich suchen, versuchen dich.
Und die, so dich finden, binden dich
an Bild und Gebärde.

Ich aber will dich begreifen
wie dich die Erde begreift;
mit meinem Reifen
reift
dein Reich.

Ich will von dir keine Eitelkeit,
die dich beweist.
Ich weiß, daß die Zeit
anders heißt
als du.

Tu mir kein Wunder zulieb.
Gib deinen Gesetzen recht,
die von Geschlecht zu Geschlecht
sichtbarer sind.

(Rainer Maria Rilke)

Der Verstand

Leere den Becher! Sei trunken!
Trink' Seines Namens
göttlichen Nektar!
Kabir sagt:
Höre mir zu, lieber Sadhu!
Von der Sohle des Fußes
bis zur Krone des Hauptes
ist dieser Verstand
mit Gift gefüllt.

(Kabir)

Das Hörbare

Ich höre

Ich höre die Melodie Seiner Flöte
und kann nicht an mich halten:
die Blume blüht,
obwohl es nicht Frühling,
und schon empfing die Biene
ihre Einladung.
Der Himmel erdröhnt und der Blitz zuckt,
die Wellen gehen hoch mir im Herzen;
der Regen fällt,
und mein Herz sehnt sich
nach meinem Herrn.
Wo der Rhythmus der Welt
hebt sich und senkt,
dort fand mein Herz seine Heimstatt.
Dort flattern im Wind
die geheimen Banner.
Kabir sagt:
mein Herz lebt, ob es gleich stürbe.

(Kabir)

Die Rast des Vogels

Auf diesem Baum ist ein Vogel:
er tanzt in der Freude des Lebens.
Niemand weiß, wo er ist:
und wer weiß,
welches seiner Musik innerer Sinn?
Wo die Zweige
tiefen Schatten werfen –
dort hat er sein Nest:
und er kommt am Abend,
und er fliegt weg am Morgen

und sagt kein Wort,
was er meint.
Niemand erzählt von dem Vogel,
der in mir singt.
Er hat weder Farbe,
noch ist er farblos,
er hat weder Gestalt noch Kontur:
er sitzt im Schatten der Liebe.
Er wohnt im Unerreichbaren,
Unendlichen, Ewigen,
und keiner gibt acht,
wenn er kommt und geht.
Kabir sagt:
O Bruder Sadhu!
Tief ist das Geheimnis.
Lasse den Weisen suchen
nach Wissen,
wo dieser Vogel rastet.

(Kabir)

Beethovens 9.

Das Jubeln steigerte sich immer mehr, bis ich in eine Ekstase kam, in eine noch sehr feine Art der Ekstase. Ein Ozean von Liebe durchfließt mich, ich lasse mich davontragen von meiner Seele hinter das Geheimnis, laß mich höher und höher tragen, bis hin zur Morgenröte – sehe diese feine, allerzarteste Morgenröte – die aus dem allerersten Nichts kommt, dieses allerzarteste Morgenrot, wie ein allerfeinster leichtrosa Streifen zeigt er sich am Firmament. Es ist das Erste, das Entstehende, das Kreative, das Ekstatische, es ist das Wirken an sich. Aus der Heiligkeit des Nichts, der Leere und Fülle zugleich formt sich diese feine Bewegung, frei, unabhängig, losgelöst, und es schwillt an, ich bin in der Ebene der Götter, des Paradieses, hier bleibe ich, voller Leben, immer mehr vibrierend.

Von hier aus hat Beethoven seine 9. Symphonie geschrieben: „O, Du schöner Götterfunken ...", von hier aus entstanden Werke von Dichtern und Musikern. Es ist nicht die Ebene der Mystiker, die Ebene des tiefen Friedens, wie ich sie schon erlebt habe, nein, es ist die Ebene des Schaffenden, des Werdens, der Glorie. Das ist die Ebene, wo Galaxien geschaffen werden, wo wir Gott im Wirken sind. Ich verstehe das Entstehen allen Daseins in dieser allerallerfeinsten Morgenröte. Welcher Reichtum, welche Vollkommenheit! Hier wurde das Hohelied der Liebe geschrieben, das Lied der Lieder aus dem alten Testament, o, Du mein Geliebter – Schöpfer und Schöpfung, alles ist eins. Die Ekstase ist voll über mich hereingebrochen. Das Wort bekommt Inhalt, es ist nicht mehr nur Wort. „Öffne meines Herzens Tür, öffne die Tür des Himmels" – alles lebt. Ich verstehe nun, wenn es heißt, daß die größte Verführung die Ebene der Götter ist, da sie meinen, das ist schon die Spitze des Berges, das Paradies, und niemals mehr weitergehen wollen.

(Erfahrungsbericht)

Musik

Du bist der Schöpfer der Symphonie und auch ihr Klang.
Ich eine unverwechselbare Note, die erklingt und verklingt.
Du bist der Tänzer und auch der Tanz.
Ich dieser wirbelnde Tanzschritt im zeitlosen Jetzt.
Du bist das Kommen und Gehen.
Das Geborenwerden und Sterben.
Warum Angst haben?
Du tanzt und singst.
Wirst geboren und stirbst.
Wer sagt da Ich?

(Erfahrungsbericht)

Wer Ohren hat ... der höre!

Drum, wer Ohren hat zu hören, der höre!
Es ist nicht zwei, nicht drei, nicht tausende, es ist eins und alles, es ist nicht Körper und Geist geschieden, daß das eine der Zeit, das andere der Ewigkeit angehöre, es ist Eins, gehört sich selbst, und ist Zeit und Ewigkeit zugleich, und sichtbar, und unsichtbar, bleibend im Wandel, ein unendliches Leben.

(Karoline von Günderode)

Einkehr des Herzens

Wenn dein Herz wandert oder leidet,
bring es behutsam an seinen Platz zurück
und versetze es sanft in die Gegenwart deines Herrn.

Und selbst, wenn du in deinem Leben nichts getan hast
außer dein Herz zurückzubringen
und wieder in die Gegenwart unseres Gottes zu versetzen,
obwohl es jedesmal wieder fortlief,
nachdem du es zurückgeholt hattest,
dann hast du dein Leben wohl erfüllt.

(Franz von Sales)

Die Stille empor

Wenn es nur einmal so ganz stille wäre.
Wenn das Zufällige und Ungefähre
verstummte und das nachbarliche Lachen,
wenn das Geräusch, das meine Sinne machen,
mich nicht so sehr verhinderte am Wachen – :

Dann könnte ich in einem tausendfachen
Gedanken bis an deinen Rand dich denken
und dich besitzen (nur ein Lächeln lang),
um dich an alles Leben zu verschenken
wie einen Dank.

(Rainer Maria Rilke)

Der Ringer

O Freund! Dieser Körper ist seine Lyra:
Er strafft die Saiten und entlockt ihr die Melodie des Brahma.
Wenn die Saiten erschlaffen und die Schlüssel sich lockern,
dann muß zu Staub werden wieder dies Instrument aus Staub:
Kabir sagt: Niemand als Brahma kann diese Melodie hervorbringen.

(Kabir)

Das, was du suchst

Das, was du suchst, ist nicht;
und für das, was ist, fehlen die Worte.
Du glaubst nicht ohne zu sehen;
was nur erzählt wird, ist dir anzunehmen nicht möglich.
Wer unterscheiden kann, weiß durch das Wort,
und der Unwissende steht gaffend daneben.
Einige betrachten das Gestaltlose,
andere meditieren über die Form.
Aber der Weise weiß, daß Brahma jenseits von beiden.
Seine Schönheit ist dem Auge nicht sichtbar,
sein Versmaß fürs Ohr nicht zu hören.
Kabir sagt:
Der beides fand: Entsagung und Liebe,
steigt niemals hinab zum Tod.

(Kabir)

Die Flöte des Unendlichen

Die Flöte des Unendlichen wird ohne Ende gespielt
und ihr Ton ist Liebe:
Wenn Liebe aller Grenzen entsagt,
erreicht sie die Wahrheit.
Wie weithin der Duft sich breitet!
Er hat kein Ende, nichts steht ihm im Weg.
Die Gestalt dieser Melodie ist leuchtend
wie eine Million Sonnen.
Unvergleichlich ertönt die Vina,
die Vina der Töne der Wahrheit.

(Kabir)

Das Sichtbare

Am Ufer des Flusses

So weit ist es nun gekommen, daß ich unterm Baum sitze
am Ufer des Flusses
im sonnigen Morgen.
Das Ereignis ist ohne Belang,
es geht nicht in die Geschichte ein.
nicht wie Schlachten und Pakte,
deren Motive erforscht werden,
oder wie erinnerungswerte Tyrannenmorde.

Und dennoch sitze ich am Fluß, so ist es.
Und da ich hier bin,
muß ich von irgendwoher gekommen sein
und davor
noch an vielen Orten gewesen sein,
genau wie die Landeroberer,
bevor sie an Bord gingen.

Selbst der flüchtige Moment hat viel Vergangenheit,
seinen Freitag vor dem Samstag,
seinen Mai vor dem Juni.
Seine Horizonte sind ebenso wirklich
wie die im Fernglas des Feldherrn.

Dieser Baum ist eine Pappel, seit Jahren verwurzelt.
Der Fluß heißt Raba und fließt nicht erst seit heute.
Nicht erst seit gestern führt
der Pfad durchs Gebüsch.
Um die Wolken auseinanderzutreiben,
mußte der Wind sie hergeweht haben.

Und obwohl hier in der Nähe nichts Großes geschieht,
ist die Welt an Einzelheiten nicht ärmer,
nicht schlechter begründet, nicht schwächer bestimmt
als damals, als die Völkerwanderung von ihr Besitz
ergriffen hat.

Nicht nur geheime Verschwörungen sind von Stille begleitet,
nicht nur Krönungszeremonien geht ein Defilee von
Gründen voraus.
Rund sind nicht nur die Jahrestage von Aufständen,
auch die umspülten Steine am Ufer.

Wirr und dicht ist die Stickerei der Umstände.
Der Ameisenstich im Rasen.
Das ans Erdreich gesteppte Gras.
Das Muster der Welle, durch die sich das Hölzchen windet.

Es hat sich gefügt, daß ich bin und schaue.
Über mir flattert ein weißer Falter
mit Flügeln, die nur ihm gehören,
und durchfliegt als Schatten meine Hände,
kein anderer, kein beliebiger Schatten, sein eigener.

Bei solch einem Anblick verläßt mich stets die Gewißheit,
daß das Wichtige wichtiger ist
als das Unwichtige.

(Wislawa Szymborska)

Ich bin

Sag nicht, daß ich morgen scheide,
denn ich bin noch gar nicht ganz da.

Schau: Jede Sekunde komme ich an, um
zu werden die Knospe am Frühlingszweig,
ein kleiner Vogel mit Flügeln, die noch nicht tragen,
im neuen Nest lern ich gerade erst singen,
ein Käfer im Herzen der Blume
und ein Juwel, verborgen im Stein.

Ich komme gerade erst an mit Lachen und Weinen,
mit Furcht und mit Hoffnung,
der Schlag meines Herzens ist die Geburt und
der Tod von allem, was lebt.

Ich bin die Eintagsfliege, die vielgestaltig schillert
auf der Oberfläche des Flusses,
bin auch der Vogel, der im Frühling gerade noch
rechtzeitig kommt, die Fliege zu schnappen.

Ich bin der Frosch, der ganz zufrieden
im klaren Wasser des Teichs hin- und herschwimmt,
und bin die Schlange, die
geräuschlos sich nähernd
vom Froschfraß lebt.

Ich bin das Kind aus Uganda, nur Haut und Knochen,
mit Beinen so dünn wie Stöcke aus Bambus,
und ich bin der Kaufmann, der tödliche Waffen
nach Uganda verkauft.

Ich bin das zwölfjährige Mädchen,
Flüchtling in einem kleinen Boot,
das sich in den Ozean wirft,
nachdem es von einem Seepiraten vergewaltigt wurde,
und ich bin der Pirat, mein Herz ist noch nicht fähig,
zu sehen und zu lieben.

Ich bin ein Mitglied des Politbüros mit
reichlich Macht in meinen Händen,
und ich bin der Mann, der seine
„Blutschuld" an sein Volk zu zahlen hat,
langsam sterbend in einem Arbeitslager.

Meine Freude ist wie der Frühling, so warm,
daß sie die Blumen in allen Lebensformen erblühen
läßt.

Mein Schmerz ist wie ein Fluß von Tränen, so voll,
daß er die vier Meere füllt.

Bitte rufe mich bei meinem wahren Namen,
damit ich all meine Schreie und mein Lachen
zur selben Zeit hören kann,
damit ich sehen kann,
daß meine Freude und mein Schmerz eins sind.

Bitte rufe mich bei meinem wahren Namen,
damit ich aufwachen kann,
und das Tor meines Herzens offenbleiben kann.
das Tor des Mitgefühls.

(Thich Nhat Hanh)

Ecce Homo

Ja! Ich weiß, woher ich stamme!
Ungesättigt gleich der Flamme
Glühe und verzehr' ich mich.
Licht wird Alles, was ich fasse,
Kohle Alles, was ich lasse:
Flamme bin ich sicherlich.

(Friedrich Nietzsche)

All-Ein

Bist du denn Alles, – ich der Eine,
der sich ergibt und sich empört?
Bin ich denn nicht das Allgemeine,
bin ich nicht *Alles,* wenn ich weine,
und du der Eine, der es hört?

Hörst du denn etwas neben mir?
Sind da noch Stimmen außer meiner?
Ist da ein Sturm? auch ich bin einer,
und meine Wälder winken dir.

Ist da ein Lied, ein krankes, kleines,
das dich am Micherhören stört, –
auch ich bin eines, höre meines,
das einsam ist und unerhört.

(Rainer Maria Rilke)

Landschaft mit Sandkorn

Wir nennen es Sandkorn.
Es selbst aber nennt sich weder Sand noch Korn.
Es kommt ohne den allgemeinen,
besonderen, vorübergehenden,
ständigen, vermeintlichen
oder eigentlichen Namen aus.

Unsere Blicke, Berührungen bedeuten ihm nichts.
Es fühlt sich weder gesehen noch berührt.
Und daß es aufs Fensterbrett fiel,
ist lediglich unser, nicht sein Abenteuer.
Es gilt ihm so viel, wie herunterzufallen, wohin auch immer,
ohne Gewißheit, ob man schon gefallen ist
oder erst fällt.

Das Fenster öffnet einen herrlichen Ausblick auf den See,
der Ausblick aber kann sich selbst nicht sehen.
Es findet alles farblos, formlos,
lautlos, tonlos
und schmerzlos in dieser Welt.

Grundlos den Seegrund
und uferlos die Ufer.
Weder naß noch trocken das Wasser.
Weder ein- noch mehrzählig die Wellen,
die da rauschen dumpf zu ihrem eigenen Rauschen
rings um die weder kleinen noch großen Steine.

Und all das unter einem Himmel, der von Natur ohne Himmel ist,
an dem die Sonne untergeht, obwohl sie gar nicht untergeht,
und sich versteckt, ohne sich zu verstecken hinter der
ahnungslosen Wolke.
Der Wind zerzaust sie ohne einen anderen Grund
als nur den einen, daß er weht.

Eine Sekunde vergeht.
Die zweite.
Die dritte.
Aber das sind nur unsere Sekunden.

Die Zeit lief mit einer wichtigen Nachricht vorbei wie ein Bote.
Aber das sind nur unsere Vergleiche.

Erfunden die Gestalt, eingebildet die Eile,
und unmenschlich die Nachricht.

(Wislawa Szymborska)

Jenseits von Gott

Ich schaue auf den Tejo, so vertieft,
daß ich im Schaun das Schaun vergesse,
und während ich noch sinne, faßt mich
urplötzlich der Gedanke an:
was heißt denn Flußsein, was heißt Fließen?

Alles erscheint mir jählings nichtig –
sogar das eben noch Gedachte.
Alles – die Außenwelt, mein Ich –
es wird mir mehr als äußerlich.

Alles verliert sein Sein und Hier,
ich seh's aus meinem Denken schwinden.
Ich stehe da und kann auf einmal
Sein, Seele und Idee mit mir
und Erd und Himmel nicht verbinden ...

Und plötzlich stoße ich auf Gott.

(Fernando Pessoa)

Das Spürbare

Die vier Großen Gelübde

Zahllos sind die Lebewesen,
ich gelobe, sie alle zu retten.

Grenzenlos sind eitle Verhaftungen,
ich gelobe, sie alle zu lassen.

Unzählbar sind die Tore der Wahrheit,
ich gelobe, sie zu durchschreiten.

Unübertroffen ist der Weg des Erwachens,
ich gelobe, ihn zu gehen.

(Klassischer Japanischer Zen Text, Übersetzung Joan Rieck)

Paradigmen-Wechsel

Ich bin nicht Materie,
die eine spirituelle Erfahrung macht.
Ich bin ein spirituelles Wesen,
das diese menschliche Erfahrung macht.

(Willigis Jäger 1979)

Ankunft

Sie haben einen großen Umweg gemacht – das sind die sichersten Abkürzungen. Erst das, was wir als Umweg bezeichnen, läßt uns die notwendigen Erfahrungen machen und lehrt uns, daß es letztlich gar kein Weg war, sondern die Entwicklung des bereits seit eh und je in uns Veranlagten: unsere Teilhabe am Ganzen.
(Sie sind nicht mehr auf Reisen angewiesen) Ein Schließen der Augen, der ruhige Atem und der beruhigte Körper, die absichtlose Hingabe

und Überantwortung all dessen, was man selbst ist – ohne Selbstaufgabe, wohl aber in aller Ich-Freiheit – ja, dann werden wir der Leucht- und Strahlkraft des uns einbeziehenden größeren Bewußtseins gewahr, seiner universellen Liebe …

(Jean Gebser)

Der Kabbalistische Baum

„Gott sagt: Es gibt nur mich. Alles, was ist, ist Ich. Zwar trete ich aus dem Einssein in die Zersplitterung, in die Vielheit hinein, aber ich bleibe doch immer der, der ich bin. In den vielfältigsten Gestalten und Kräften werde ich mich zeigen. Und doch bin ich der, der ich bin. Und bin schon jetzt, der ich sein werde. Ich werde Blitz sein, ich werde Berg sein, Fluß, ich werde der Lauf der Gestirne sein, Mineralien, Pflanzen, Tiere und Menschen werde ich sein. Und werde doch immer der Eine sein, das Eine, die Einheit des Vielen. Nichts und niemand wird außerhalb meiner sein, nichts und niemand neben mir, Irrtum wäre es, eine meiner vielen Emanationen als Gottheit anzubeten. Zwar bin ich der Blitz, aber der Blitz ist nicht ich. Zwar bin ich der heilige Berg, aber der heilige Berg ist nicht Ich. Zwar bin ich der Fluß, das Unwetter, die Jahreszeit, aber sie alle sind nur winzige Atome meines unendlichen Leibes."

„Gott will sich selber durch den Menschen erkennen. Er hat den Menschen geschaffen, ist Menschheit geworden, um mit ihr (das heißt auch, mit sich selbst) eine leidenschaftliche Liebesaffäre zu beginnen. Er will werben und umworben werden, durchdringen und durchdrungen werden, getrennt sein und eins werden, Streit und Versöhnung will Er, erkennen und erkannt werden, lieben und geliebt werden. Er will sich hingeben, sich ganz in Liebe verströmen und mit derselben Leidenschaft begehrt werden, wie Er den Menschen begehrt."

(Der kabbalistische Baum)

Laßt uns träumen

Es ist der Tag der großen Freude.
Laßt uns alle Freunde werden.
Wir wollen einander die Hände geben.
Wir sind alle eins, wir sind nicht zwei,
wir sind von einer Farbe, von einem Farbton.
Laßt uns tanzen, laßt uns auf den Marktplatz gehen und tanzen.
Ihr herrlichen Freunde, laßt uns jetzt beginnen mit dem Tanz.
Laßt uns die Läden zumachen und tanzen.
Heute ist der Tag, an dem die Seele das Gewand seiner Gnade anzieht.
Es ist die Zeit des Mysteriums. Wir gehen tanzen, als Gottsucher.

(Erfahrungsbericht)

Hier und dort

Ein leerer Traum ist's,
daß die Seele, weil sie vom Körper entfernt,
mit Ihm vereint sein werde.
Wenn Er hier jetzt gefunden,
dann ist Er gefunden auch dort.
Wenn nicht, sind wir nur auf dem Wege,
zu wohnen in der Stadt des Todes.
Wenn du jetzt die Vereinung erlangst,
wird sie auch bleiben danach.
Bade in der Wahrheit, wisse den wahren Meister,
hab' Vertrauen in den wahren Namen Gottes!
Kabir sagt: Es ist der Geist des Suchens, der hilft,
ich bin ein Knecht des Geistes des Suchens!

(Kabir)

Wahr-Nehmungen

Ur-Wirklichkeit – Keine Zeit – kein Raum – Dimensionslos! –
Nur das Rauschen des Windes – sch … DAS ist ES!
Kein Körper, nur Geist – Überall und hier – Nur dieses Schreiben – DAS ist ES!
Kein Leben, kein Tod – Keine Vergangenheit, keine Zukunft –
Nur diese eine Bewegung
DAS ist ES!
Kein Alter, keine Jugend – Kein Oben und Unten – Kein Richtig und Falsch
Kein Ja und kein Nein – Keine Kritik – Nur das Zittern meiner Hände – DAS ist ES!
Glasklar und ohne Trübung! – Ich bin alles! – Ich bin die Ur-Wirklichkeit!

(Erfahrungsbericht)

Dem unbekannten Gott

Noch einmal, eh ich weiterziehe
Und meine Blicke vorwärts sende,
Heb ich vereinsamt meine Hände
Zu Dir empor, zu dem ich fliehe,
Dem ich in tiefster Herzenstiefe
Altäre feierlich geweiht,
Daß allezeit
Mich deine Stimme wieder riefe.

Darauf erglüht tief eingeschrieben
Das Wort: Dem unbekannten Gotte.
Sein bin ich, ob ich in der Frevler Rotte
Auch bis zur Stunde bin geblieben:
Sein bin ich – und ich fühl die Schlingen,
Die mich im Kampf darniederziehn
Und, mag ich fliehn,
Mich doch zu seinem Dienste zwingen.

Ich will Dich kennen, Unbekannter,
Du tief in meine Seele Greifender,
Mein Leben wie ein Sturm Durchschweifender,
Du Unfaßbarer, mir Verwandter!
Ich will Dich kennen, selbst Dir dienen.

(Friedrich Nietzsche)

Aber ich weiß

War ich ein Falter
vor meiner Geburt
ein Baum oder
ein Stern

Ich habe es vergessen

Aber ich weiß
daß ich war
und sein werde

Augenblicke
aus Ewigkeit

(Rose Ausländer)

Trennung

Nur eine schmale Wand ist zwischen uns,
durch Zufall; denn es könnte sein:
ein Rufen deines oder meines Munds –
und sie bricht ein
ganz ohne Lärm und Laut.
Aus deinen Bildern ist sie aufgebaut.

Und deine Bilder stehn vor dir wie Namen.
Und wenn einmal das Licht in mir entbrennt,
mit welchem meine Tiefe dich erkennt,
vergeudet sichs als Glanz auf ihren Rahmen.

Und meine Sinne, welche schnell erlahmen,
sind ohne Heimat und von dir getrennt.

(Rainer Maria Rilke)

Litanei

Der Mann Gottes ist trunken ohne Wein,
Der Mann Gottes ist satt ohne Fleisch,
Der Mann Gottes ist erregt und verwirrt,
Der Mann Gottes braucht weder Nahrung noch Schlaf,
Der Mann Gottes ist ein König unter einem Derwisch-Mantel,
Der Mann Gottes ist ein Schatz in einer Ruine,
Der Mann Gottes ist nicht aus Feuer und Wasser,
Der Mann Gottes ist ein grenzenloses Meer,
Der Mann Gottes regnet Perlen ohne eine Wolke,
Der Mann Gottes hat hundert Monde und Himmel,
Der Mann Gottes hat hundert Sonnen,
Der Mann Gottes ist durch die Wahrheit weise,
Der Mann Gottes hat sein Wissen nicht aus Büchern,
Der Mann Gottes ist jenseits von Unglaube und Religion,
Für den der Mann Gottes sind richtig und falsch gleich,
Der Mann Gottes hat sich aus dem Nicht-sein entfernt,
Der Mann Gottes wird herrlich gepflegt,
Der Mann Gottes ist verborgen, Shamsi Din,
Den Mann Gottes suchst du und findest

(Rumi)

Hier ist die Wahrheit

Ich lache, wenn ich höre,
daß den Fisch dürstet im Wasser.
Du siehst nicht, daß zuhause die Wirklichkeit ist,
und du wanderst von Wald zu Wald lustlos!
Hier ist die Wahrheit!
Gehe hin, wo immer du willst, nach Benares oder Mathura –
wenn du die eigene Seele nicht findest,
bleibt dir die Welt unwirklich.

(Kabir)

Meines wahren Meisters Gnade

Meines wahren Meisters Gnade ist es,
die mich erkennen ließ das Unbekannte.
Von Ihm hab' ich gelernt, ohne Füße zu gehen,
ohne Augen zu sehen, ohne Ohren zu hören,
ohne Mund zu trinken, ohne Flügel zu fliegen.
Ich brachte meine Liebe und meine Verehrung in das Land,
wo weder Sonne noch Mond, weder Tag noch Nacht.
Ich habe gekostet, ohne zu essen,
die Süße des Nektars,
und ohne Wasser den Durst gelöscht.
Wo dort die Antwort der Wonne,
dort ist die Fülle der Freude.
Vor wem ist es möglich, diese Freude zu äußern?
Kabir sagt:
Der Meister ist über alle Worte erhaben
und groß ist das Glück seines Jüngers.

(Kabir)

Das Gebet

Jemand mag übers Feld gehen
und sein Gebet sprechen
und Gott erkennen;
oder er mag in der Kirche sein
und Gott erkennen.
Wenn er deshalb Gott besser erkennt,
weil es an einem ruhigen Platz ist,
wo er das gewohnt ist,
so liegt das an seiner Unzulänglichkeit,
nicht an Gott.
Denn Gott ist gleich in allen Dingen
und an allen Orten
und ist bereit, sich gleich zu geben,
soweit es an ihm liegt.

(Meister Eckehart)

Kabir sagt:

„Das Zuhause ist der bleibende Ort;
Zuhause ist Wirklichkeit,
das Zuhause hilft Ihn zu erlangen,
der wirklich ist.
So bleib', wo du bist,
und alles kommt auf dich zu –
zu seiner Zeit."

(Kabir)

Müde

Müde
und einsam.
Müde
bis der Verstand schmerzt.
Von den Klippen
rinnt Salzwasser.
Taub die Finger,
bebend die Knie.
Jetzt gilt es,
jetzt darfst du nicht loslassen.

Andrer Weg
hat Rastplätze
in der Sonne
sich zu begegnen.
Aber dieser Weg
ist der deine,
und es gilt jetzt,
jetzt darfst du nicht versagen.

Weine,
wenn du kannst,
weine,
doch klage nicht.
Dich wählte der Weg –
und du sollst danken.

(Dag Hammarskjöld)

Ich bin mein eigner Schlaf in diesem Leben,

Mein Herr zu sein, das ward mir nicht vergönnt,
und wer ich wirklich bin, kann ich nicht wissen.
Ich leb' im Nebel, der ich selber bin,
all meine Leben aus, die längst dahin,
in einem Leben.
Ich bin ein Meer und wenn ich brandend sprühe,
nehm' ich die Farbe an vom Firmament,
und finde mich nur, wenn ich vor mir fliehe.

Wer hat mich, als ich Kind war, angeleitet?
Die wahre Seele, die stets mit mir schreitet?
Gebunden an mein Fleisch und Bein,
konnte sie mehr nicht sein.
Doch eine Geste aus Vergeßlichkeit
den Augen dessen, der zu schau'n versteht,
unter der gegenwärtigen Seele Kleid
die königliche Gegenwart verrät.

(Fernando Pessoa)

Maria und Martha

Als Maria zu Füßen unseres Herrn saß,
war sie so voller Sehnsucht:
sie sehnte sich – und wußte nicht, wonach,
wünschte sich – und wußte nicht was.
Wir hegen den Verdacht, daß sie, die liebe Maria,
vielleicht mehr um des wohligen Gefühls
als um des geistigen Gewinns da gesessen habe.
Deshalb sprach Martha: „Herr, heiß sie aufstehn!"
Denn sie fürchtete, daß Maria in diesem Wohlgefühl
stecken bliebe und nicht weiterkäme.

Daher sprach sie: „Heiß sie aufstehn!
Ich wünschte, daß sie leben lernte,
damit sie das Leben wesenhaft besitzen möge,
damit sie vollkommen werde."

Christus sprach zu Martha:
„Eines ist not",
nicht zwei.
Ich und du, einmal umfangen
vom ewigen Licht,
das ist Eines.
Und zwei-eines ist ein brennender Geist,
der über allen Dingen steht
unterhalb von Gott
am äußeren Ring der Ewigkeit.
Der ist zwei,
weil er Gott nicht ohne Vermittlung sieht.

(Meister Eckehart)

„Dies kann der Mensch nicht durch Fliehen lernen, indem er vor den Dingen flüchtet und sich äußerlich in die Einsamkeit kehrt; er muß vielmehr eine innere Einsamkeit lernen, wo und bei wem er auch sei. Er muß lernen, die Dinge zu durchbrechen und seinen Gott darin zu ergreifen und den kraftvoll in einer wesenhaften Weise in sich hineinbilden können."

„Denn, wahrlich, wer glaubt, Gottes mehr zu erlangen in Innerlichkeit, in Andacht und süßer Verzückung als bei dem Herdfeuer oder in dem Stalle, der tut wie einer, der seinen Gott nähme, ihm einen Mantel um das Haupt wände und ihn dann unter eine Bank schöbe."

(Meister Eckehart)

Schritt für Schritt

Wenn er die Straßen kehrte,
tat er es langsam,
aber stetig:
Bei jedem Schritt einen Atemzug
und bei jedem Atemzug einen Besenstrich.
Schritt – Atemzug – Besenstrich.
Schritt – Atemzug – Besenstrich.
Dazwischen blieb er manchmal ein Weilchen stehn
und blicke nachdenklich vor sich hin.
Und dann ging es wieder weiter –
Schritt – Atemzug – Besenstrich.
Es ist so:
Manchmal hat man eine sehr lange Straße vor sich.
Man denkt, die ist so schrecklich lang;
das kann man niemals schaffen, denkt man.
Und dann fängt man an, sich zu eilen.
Und man eilt sich immer mehr.
Jedesmal wenn man aufblickt, sieht man,
daß es gar nicht weniger wird, was noch vor einem liegt.
Und man strengt sich noch mehr an,
man kriegt es mit der Angst,
und zum Schluß ist man ganz außer Puste und kann nicht mehr.
Und die Straße liegt immer noch vor einem.
So darf man es nicht machen.
Man darf nie an die ganze Straße auf einmal denken, verstehst du?
Man muß nur an den nächsten Schritt denken,
an den nächsten Atemzug,
an den nächsten Besenstrich.
Und immer wieder nur an den nächsten.
Dann macht es Freude,
das ist wichtig, dann macht man sein Sache gut.
Und so soll es sein.

(Michael Ende)

Ein All-umfassendes Gespräch

Rumi berichtet von der liebeskranken Zulaicha und legt ihr die folgenden Verse in den Mund. Aber Joseph ist nicht ein Mann, sie meint damit Gott.

„Zulaicha gab allem – von der Raute bis hin zur Aloe –
den Namen Joseph;
In allen Namen barg sie seinen Namen –
Nur den Vertrauten tat sie dieses kund.
Und wenn sie sprach: ‚Das Wachs ward weich vom Feuer‘
So meinte sie: ‚Der Freund war lieb zu mir.‘
Und wenn sie sprach: ‚Schaut, wie der Mond dort aufgeht!‘
Und wenn sie sprach: ‚Grün ward der Weidenzweig!‘
Und wenn sie sprach: ‚Wie doch die Blätter zittern!‘
Und wenn sie sprach: ‚Wie schön die Raute brennt!‘
Und wenn sie sprach: ‚Mit Rosen sprach der Gärtner.‘
Und wenn sie sprach: ‚Klopf mir den Teppich aus.‘
Und wenn sie sprach: ‚Der Träger brachte Wasser.‘
Und wenn sie sprach: ‚Die Sonne, seht, ging auf!‘
Und wenn sie sprach: ‚Sie kochten gestern Speise.‘
Und wenn sie sprach: ‚Gemüse ist jetzt gar!‘
Und wenn sie sprach: ‚Es fehlt dem Brot an Salz.‘
Und wenn sie sprach: ‚Mir tut der Kopf so weh.‘
Und wenn sie sprach: ‚Mein Kopfweh ist vorbei.‘

Und wenn sie hunderttausend Namen häufte,
Sie meinte Joseph, wollte Joseph nur.

(Rumi)

Nur Schwingen

Zwischen den Polen
von Bewußtheit und Unbewußtheit
machte der Kopf eine Schaukel:
Daran hängen alle Wesen und Welten,
und das Schwingen, nie endet's den Schwung.
Millionen von Wesen sind dort.
Sonne und Mond
in ihrem Lauf
sind dort.
Millionen Zeitalter vergehen –
und das Schwingen geht weiter.
Nur Schwingen!
Himmel, Erde, Luft und Wasser und
der Herr selbst,
wenn er Form wird:
Und dieses Schauen
machte Kabir
zum Knecht Gottes.

(Kabir)

Verweile

Gehe nicht in den Blumengarten!
O Freund, gehe nicht dorthin.
In deinem Körper ist der Blumengarten.
Nimm deinen Sitz auf den tausend
Blütenblättern des Lotus,
und da bestaune die unendliche Schönheit!

(Kabir)

O Blinder du

O Blinder du,
Lampen brennen in jedem Haus,
und du kannst sie nicht sehen.
Eines Tages werden sich die Augen öffnen, und du wirst sehen,
und die Fesseln des Todes werden von dir fallen.
Da gibt's nichts zu sagen oder zu hören,
da gibt's nichts zu tun.
Der, der lebt, obschon tot, wird niemals mehr sterben.
Da er in Einsamkeit lebt, sagt der Yogi,
daß sein Zuhause ist weit.
Dein Herr ist nahe, und doch erklimmst du die Palme,
um Ihn zu suchen.
Der Brahminpriester gehet von Haus zu Haus
und weiht ein in den Glauben:
Wehe! Die wahre Quelle des Lebens ist dicht neben dir,
und doch hast du einen Stein errichtet, um ihn zu verehren.
Kabir sagt:
Ich vermag nimmer zu künden, wie süß mein Herr ist.
Yoga und das Zählen der Perlen,
Tugend und Laster – das alles ist nichts verglichen mit Ihm.

(Kabir)

Der Mond scheint in mir

Der Mond scheint in mir, aber meine blinden Augen können nicht sehen.
Der Mond ist in mir, die Sonne auch.
Die ungeschlagene Trommel der Ewigkeit ist in mir zu hören,
aber meine tauben Ohren können's nicht hören.
Solange ein Mensch noch schreit nach „Ich" und nach „Mein",
sind seine Werke ein Nichts.

Wenn alle Liebe zum „Ich“ und „Mein“ tot,
dann wird das Werk Gottes getan.
Denn Arbeit hat kein anderes Ziel, als das Erlangen von Wissen:
Wenn das eintritt, wird die Arbeit beiseite gelegt.
Die Blüte blüht für die Frucht;
wenn die Frucht erscheint, verschwindet die Blüte.
Der Geruch des Moschus ist im Wild selbst;
aber es sucht ihn nicht in sich selbst –
es wandert auf der Suche nach Gras.

(Kabir)

Der Fluß und seine Wellen

Der Fluß und seine Wellen sind eine Brandung:
wodurch unterscheiden sich Fluß und Wellen?
Wenn die Welle sich hebt, ist es Wasser,
wenn sie fällt, ist es das Wasser auch.
Sag mir, Herr, wo ist da Unterscheidung?
Da es Welle genannt wird, darf man es nicht mehr
als Wasser betrachten?
Im Innern des Höchsten Brahma
sollen die Welten wie Perlen sein:
Betrachte den Rosenkranz
mit den Augen der Weisheit.

(Kabir)

Ein Leben im Handumdrehen

Ein Leben im Handumdrehen.
Eine Aufführung ohne Probe.
Ein Körper von der Stange.
Ein Schädel ohne Bedacht.

Ich kenne die Rolle, die ich spiele, nicht.
Ich weiß nur, sie ist unauswechselbar mein.

Wovon das Stück handelt,
werde ich erst auf der Bühne erraten.

Dürftig gerüstet dem Leben zum Ruhm,
ertrage ich das mir aufgezwungene Tempo der Handlung mit Mühe.
Ich improvisiere, obwohl mich das Improvisieren ekelt.
Ich stolpere auf Schritt und Tritt über meine Unkenntnis der Dinge.
Mein Lebenslauf schmeckt nach Provinz.
Meine Instinkte sind Dilettantismus.
Das Lampenfieber, das für mich spricht, demütigt um so mehr.
Die mildernden Umstände scheinen mir grausam.

Nicht rücknehmbar sind die Worte und Gesten,
die Sterne nicht zählbar,
und der Charakter, gleich einem Mantel, im Laufen zu Ende geknöpft –
das sind die kläglichen Folgen dieser Eile.
Probte man wenigstens rechtzeitig einen Mittwoch,
oder man wiederholte den Donnerstag doch!
Aber schon naht der Freitag mit der mir fremden Rolle.
Ist das in Ordnung – frag ich
(mit heiserer Stimme,
denn nicht einmal hüsteln durfte ich hinter Kulissen).

Es täuscht der Gedanke, die Prüfung sei Nebensache,
in einen provisorischen Raum verwiesen. Nein.
Ich steh im Bühnenbild und seh, wie solide es ist.
Die Präzision verschiedener Requisiten fällt auf.
Der Drehmechanismus funktioniert seit geraumer Zeit.
Sogar die entferntesten Nebel sind angezündet.
Kein Zweifel, es ist die Premiere.
Und was ich auch tue,
verwandelt sich ein für alle Male in das, was ich tat.

(Wislawa Szymborska)

Christus

Christus
In seinem Gesicht
fließen die Gesichter
aller Menschen.
In seinen Augen
tut sich die grundlose Tiefe
des Unsagbaren auf.
Ich sah ihn an
und sah
in einen Spiegel.

(Gertrud Sopp 1996.)

Was wir sind

Wir sind der Spiegel und gleicherweise das Gesicht darin.
Wir schmecken den Geschmack in diesem Augenblick der Ewigkeit.
Wir sind Leid und das, was Leiden heilt.
Wir sind das süße, kühle Wasser und der Krug, der's ausschenkt.

(Erfahrungsbericht)

Lauf nicht davon

Du fragst nach dem Gewinn –
Lauf vor deinen Kunden nicht davon.
Du fragst nach dem Monde –
Lauf vor der Nacht nicht davon.
Du fragst nach einer Rose –
Lauf vor den Dornen nicht davon.
Du fragst nach dem Geliebten –
Lauf vor dir selbst nicht davon

(Rumi)

Such nicht Gott,
Suche den,
Der Gott sucht.
Doch weshalb suchen?
Er ist nicht fort,
Er ist wahrhaftig hier:
Näher als dein eigener Atem.

(Rumi)

Die Stille bedeutet mehr
Als tausend Leben,
Und diese Freiheit ist mehr wert
Als alle Reiche der Welt.

Die Wahrheit in sich selbst erblicken,
Nur für einen Augenblick,
Gilt mehr als alle Himmel, mehr als alle Welten,
mehr als alles, was es gibt.

(Rumi)

Selbstporträt

Das wunderbare Klingen,
Das vom Himmel tönt – das bin ich.
Der liebliche Duft,
Der dem Garten entströmt – der bin ich.

Die große Schönheit –
Die aus Herz und Seele kommt,
Bis ich gehe … halt!
Ich kann nicht gehen – die bin ich.

Ich bin von Glanz erfüllt,
In deiner Liebe verstrickt.
Ich schlinge mich scheinbar um dich,
Doch nein – ich schlinge mich um mich!

(Rumi)

Der Dichter

Wie die Feder war mein Herz
in des Liebsten Händen:
Heute Nacht schreibt er ein Z
morgen schreibt er ein R,
Und er spitzt die Feder an
für Fraktur, Kursive. Sagt die Feder: „Ja, du weißt,
wer ich bin. Ich füg' mich."
Manchmal schwärzt er ihr Gesicht,
wischt am Haar sie ab,
manchmal hält er sie verkehrt,
schreibt mir ihr dann wieder.

(Rumi)

Der Fremde

Der rotgewandet einst gekommen war,
In brauner Kutte kam er dieses Jahr;
Der Türke, von dem damals du vernahmst –
Als Araber stellt er dies Jahr sich dar …
Der Wein ist eins, die Flasche wandelt sich –
Wie schön berauscht uns dieser Wein so klar!

(Rumi)

Liebesbriefe

Rumi, Ich bin bei dir,
und du willst Briefe lesen –
Das ist doch nicht der wahren Liebe Wesen!

(Rumi)

Das Spiegelbild 2

O du, der den Selbstlosen mit dem Schwert durchbohrst,
du durchbohrst dich selber damit.
Hüte dich!
Denn der Selbstlose ist dahingegangen,
ist ein Spiegel geworden:
nichts ist mehr da, als das Spiegelbild des Gesichts eines anderen.
Wenn du darauf spuckst,
so spuckst du in dein eigenes Gesicht;
und wenn du den Spiegel schlägst,
schlägst du dich selbst.
Und wenn du ein häßliches Gesicht im Spiegel siehst,
bist es du;
und wenn du Jesus und Maria siehst,
bist es du.
Er ist weder dies noch das:
er ist rein und frei vom ICH:
er hält dir dein Bild vor.

(Rumi)

Die Leere

Herz-Sutra

Maka Hannya Haramita Shin Gyo
Sutra von der Vervollkommnung der Weisheit des Herzens
Bodhisattva Avalokitesvara,
in der Übung der tiefen transzendenten Weisheit
erkannte, daß alle fünf Skandas leer sind,
und überwand so alles Leiden.

Sariputra, Form ist nichts anderes als Leere,
Leere nichts anderes als Form.
Form ist wirklich Leere,
Leere wirklich Form.

Das gleiche gilt für Empfindung, Wahrnehmung,
Wollen und unterscheidendes Denken.
Sariputra, die Formen aller Dinge sind leer,
sie entstehen nicht und vergehen nicht.
Sie sind nicht rein und nicht unrein,
nehmen nicht zu und nicht ab.

Daher ist in der Leere keine Form,
weder Empfindung, Wahrnehmung,
Wollen oder unterscheidendes Denken,
weder Auge, Ohr, Nase, Zunge oder Körper,
weder Farbe, Ton, Duft oder Geschmack,
weder Berührbares noch Vorstellung,
weder ein Bereich der Sinnesorgane
noch ein Bereich des Denkens,
weder Unwissenheit noch Ende von Unwissenheit.

Und so gibt es weder Alter noch Tod,
noch ein Ende von Alter und Tod,
weder Leiden noch Entstehen von Leiden,
kein Anhäufen, Vernichten, keinen Weg,
weder Erkennen noch Erreichen,
weil es nichts zu erreichen gibt.

Ein Bodhisattva lebt aus dieser Weisheit
ohne Hindernis im Geiste,
ohne Hindernis und daher ohne Furcht.

Jenseits aller Illusionen ist endlich Nirvana.
Alle Buddha der Vergangenheit
leben aus dieser transzendenten Weisheit,
erreichen die höchste Erleuchtung,
vollkommen und unübertroffen.

Wisse daher, daß die transzendente Weisheit
das große, heilige Mantra ist,
das große, strahlende Mantra,
das unübertroffene Mantra,
das alle Leiden nimmt.
Das ist wahr und ohne Fehl.
Das ist das Mantra, verkündet in der transzendenten Weisheit.
Es lautet:
GATE GATE PARAGATE PARASAMGATE BODHI SVAHA.

(Klassische Zen Texte)

Der Ochs und sein Hirte

I. Die Suche nach dem Ochsen

Verlassen in endloser Wildnis schreitet der Hirte
dahin durch wucherndes Gras und sucht seinen Ochsen.

Weit fließt der Fluß, fern ragen die Gebirge,
und immer tiefer ins Verwachsene läuft der Pfad.

Der Leib zu Tode erschöpft und verzweifelt das Herz.
Doch findet der suchende Hirt keine geleitende Richtung.

Im Dämmer des Abends hört er nur Zikaden auf dem Ahorn singen.

II. Das Finden der Ochsenspur

Unter den Bäumen am Wassergestade sind hier und dort
die Spuren des Ochsen dicht hinterlassen.

Hat der Hirte den Weg gefunden
inmitten des dichtwuchernden, duftenden Grases?

Wie weit auch der Ochse laufen mag
bis in den hintersten Ort des tiefen Gebirges:

Reicht doch seine Nase in den weiten Himmel,
daß er sich nicht verbergen kann.

III. Das Finden des Ochsen

Auf einmal erklingt des Buschsängers helle Stimme oben im Wipfel.

Die Sonne strahlt warm, mild weht der Wind,
am Ufer grünen die Weiden.

Es ist kein Ort mehr,
dahinein der Ochse sich entziehen könnte.

So schön das herrliche Haupt mit den ragenden Hörnern,
daß es kein Maler erreichte.

IV. Das Fangen des Ochsen

Nach höchsten Mühen hat der Hirte den Ochsen gefangen.

Zu heftig noch dessen Sinn, die Kraft noch zu wütend,
um leicht seine Wildheit zu bannen.

Bald zieht der Ochse dahin, steigt fern auf die hohen Ebenen.

Bald läuft er weit in tiefe Stätten der Nebel und Wolken
und will sich verbergen.

V. Das Zähmen des Ochsen

Von Peitsche und Zügel darf der Hirte seine Hand
keinen Augenblick lassen.

Sonst stieße der Ochse mit rasenden Schritten vor in den Staub.

Ist aber der Ochs geduldig gezähmt
und zur Sanftmut gebracht,

folgt er von selbst ohne Fessel und Kette dem Hirten.

VI. Die Heimkehr auf dem Rücken des Ochsen

Der Hirte kehrt heim auf dem Rücken des Ochsen,
gelassen und müßig.

In den fernhinziehenden Abendnebel
klingt weit der Gesang seiner Flöte.

Takt auf Takt und Vers für Vers
tönt die grenzenlose Stimmung des Hirten.

Hört einer auf den Gesang, braucht er nicht noch zu sagen,
wie es dem Hirten zumute.

VII. Der Ochs ist vergessen, der Hirte bleibt

Schon ist der Hirte heimgekehrt auf dem Rücken des Ochsen.

Es gibt keinen Ochsen mehr.
Allein sitzt der Hirte, müßig und still.

Ruhig schlummert er noch,
da doch die rot brennende Sonne schon hoch am Himmel steht.

Nutzlose Peitsche und Zügel,
weggeworfen unter das strohene Dach.

VIII. Die vollkommene Vergessenheit von Ochs und Hirte

Peitsche und Zügel, Ochse und Hirt
sind spurlos zu Nichts geworden.

In den weiten und blauen Himmel reicht niemals ein Wort,
ihn zu ermessen.

Wie könnte der Schnee auf der rötlichen Flamme
des brennenden Herdes verweilen?

Erst wenn ein Mensch in diesen Ort gelangt ist,
kann er den alten Meistern entsprechen.

IX. Zurückgekehrt in den Grund und Ursprung

In den Grund und Ursprung zurückgekehrt,
hat der Hirte schon alles vollbracht.

Nichts ist besser, als jäh auf der Stelle
wie blind zu sein und taub.

In seiner Hütte sitzt er und sieht keine Dinge da draußen.

Grenzenlos fließt der Fluß, wie er fließt.
Rot blüht die Blume, wie sie blüht.

X. Das Hereinkommen auf den Markt mit offenen Händen

Mit entblößter Brust und nackten Füßen
kommt er herein auf den Markt.

Das Gesicht mit Erde beschmiert,
der Kopf mit Asche über und über bestreut.

Seine Wangen überströmt von mächtigem Lachen.

Ohne Geheimnis und Wunder zu mühen,
läßt er jäh die dürren Bäume erblühen.

(Der Ochs und sein Hirte)

Der Schmerz

alles schmerzt sich einmal durch bis auf den eignen grund
und die angst vergeht
schön die scheune die nach längst vergangnen ernten
leer am wegrand steht

(Jan Skácel)

Identifikationen

Dies zu sein oder das,
bedeutet nicht alles zu sein.
Denn solange ich dies und das bin
oder dies und das habe,
so bin ich nicht alles
noch habe ich alles.
Scheide ab,
daß du weder dies noch das bist,
oder dies und das hast,
so bist du alles
und hast alles.

(Meister Eckehart)

Der Künstler bei der Arbeit

Wenn ein Meister ein Bild macht
aus einem Stück Holz oder einem Stein,
so trägt er das Bild nicht in das Holz hinein;
vielmehr schneidet er die Späne ab,
die das Bild verborgen und verdeckt hatten.
Er gibt dem Holz nichts,
sondern er nimmt und gräbt ihm die Decke ab
und nimmt den Rost weg,

– und dann erglänzt,
was darunter verborgen lag.

(Meister Eckehart)

Wenn Gott dich bereit findet

Du brauchst Gott weder hier noch dort zu suchen;
er ist nicht ferner als vor der Tür des Herzens.
Da steht er und harrt und wartet,
wen er bereit finde,
der ihm auftue und ihn einlasse.
Du brauchst ihn nicht von weit her herbeizurufen;
er kann es weniger erwarten als du,
daß du ihm auftust.

Du kannst nimmer so schnell an das Bereiten denken
oder nach ihm begehren, daß Gott nicht schon vorher da wäre,
auf daß *er* dich bereite.
Angenommen aber nun, es *sei* verteilt: das Bereiten sei *dein*
und das Einwirken oder Eingießen sei *sein,*
was gleichviel unmöglich ist,
– so wisse (jedenfalls), daß Gott wirken und eingießen *muß,*
sobald er dich bereit findet.
Du darfst nicht wähnen, daß es mit Gott sei wie mit einem irdischen Zimmermann,
der wirkt und nicht wirkt, wie er will;
es steht in seinem Willen, etwas zu tun oder zu lassen,
wie es ihn gelüstet.
So ist es bei Gott *nicht;* wo und wann Gott dich bereit findet,
muß er wirken und sich in dich ergießen;
ganz so, wie wenn die Luft lauter und rein ist,
die Sonne sich (in sie) ergießen *muß*
und sich dessen nicht enthalten *kann.*

Gewiß, es wäre ein großer Mangel an Gott,
wenn er nicht große Werke in dir wirkte
und großes Gut in dich gösse,
dafern er dich so ledig und so bloß findet.

Es ist ein Augenblick:
das Bereitsein und das Eingießen.

(Meister Eckehart)

Das Loslassen

Nun gibt es etliche Leute,
die lassen die Dinge aus Liebe
und achten gar groß die Dinge,
die sie gelassen haben.
Aber der Mensch, der in Wahrheit erkennt,
daß, auch wenn er sich selbst läßt und alle Dinge,
daß das dennoch überhaupt nichts ist –
ja, der Mensch, der so lebt,
dem sind in Wahrheit alle Dinge zu eigen.

Alle Unordnung des inneren und des äußeren
Menschen
wird geordnet in der Gelassenheit,
in der man sich läßt
und Gott überläßt.

(Meister Eckehart)

Unterweisungen

Die Leute sagen oft zu mir:
„Bittet für mich!“
Dann denke ich:
„Warum geht ihr aus?

Warum bleibt ihr nicht in euch selbst
und greift in euer eigenes Gut?
Ihr tragt doch alle Wahrheit wesenhaft in euch."

... und es gebiert der Vater seinen Sohn in der Seele
in derselben Weise,
wie er ihn in der Ewigkeit gebiert und nicht anders.
Er muß es tun, es sei ihm lieb oder leid.
Der Vater gebiert seinen Sohn ohne Unterlaß,
und ich sage mehr noch:
Er gebiert mich als seinen Sohn und als denselben Sohn.
Ich sage noch mehr:
Er gebiert mich nicht allein als einen Sohn;
er gebiert mich als sich und sich als mich
und mich als sein Sein und als seine Natur.
Im innersten Quell, da quelle ich aus im Heiligen Geiste;
da ist ein Leben und ein Sein und ein Werk.
Alles, was Gott wirkt, das ist Eins;
darum gebiert er mich als seinen Sohn ohne jeden Unterschied.
Mein leiblicher Vater ist nicht eigentlich mein Vater,
sondern nur mit einem kleinen Stückchen seiner Natur,
und ich bin getrennt von ihm;
er kann tot sein und ich leben.
Darum ist der himmlische Vater in Wahrheit mein Vater,
denn ich bin sein Sohn
und habe alles das von ihm, was ich habe,
und ich bin derselbe Sohn und nicht ein anderer.
Weil der Vater (nur) ein Werk wirkt,
darum wirkt er mich als seinen eingeborenen Sohn
ohne jeden Unterschied.

Das gleiche, was da hört, ist dasselbe, was da gehört wird im ewigen Worte.

(Meister Eckehart)

Ursache meiner selbst

Darum bitte ich Gott, daß er mich Gottes quitt mache,
denn mein wesentliches Sein ist oberhalb von Gott,
sofern wir Gott als Beginn der Kreaturen verstehen.
Denn in demselben Sein Gottes,
in dem Gott über allem Dasein und über aller Unterschiedenheit steht,
da war ich selbst, da wollte ich mich selbst,
und da erkannte ich mich selbst,
diesen Menschen zu schaffen.
Darum bin ich meinem Sein nach, welches ewig ist,
Ursache meiner selbst,
nicht aber aufgrund dessen,
was ich erst geworden bin,
denn das ist zeitlich.

Und darum bin ich ungeboren,
und darum kann ich niemals sterben.
Aufgrund meines Ungeborenseins bin ich ewig gewesen
und bin jetzt und werde ewig bleiben.
Was ich durch meine Geburt bin,
das wird sterben und zunichte werden,
denn es ist vergänglich.
Darum muß es mit der Zeit vergehen.
In meiner Geburt wurden alle Dinge geboren,
und ich war Ursache meiner selbst und aller Dinge.
Und hätte ich gewollt, so wäre weder ich, noch wären alle Dinge,
und wäre ich nicht, so wäre auch Gott nicht.
Daß Gott Gott ist, dafür bin ich die Ursache.

In meiner Geburt wurden alle Dinge geboren,
und ich war Ursache meiner selbst
meinem Sein nach, das ewig ist …

In meiner (ewigen) Geburt wurden alle Dinge geboren,
und ich war Ursache meiner selbst und aller Dinge;
und hätte ich gewollt,
so wäre weder ich noch wären alle Dinge;
wäre aber ich nicht, so wäre auch „Gott" nicht.
Dies zu wissen ist nicht not.

(Meister Eckehart)

Hymne auf die Stille

Ich werde eine Hymne auf die Stille schreiben. Stille, du Musikantin der Früchte! Die du die Keller, die Kammern und Speicher bewohnst! Du Gefäß voller Honig, den der Fleiß der Bienen ansammelt! Du Ruhe des Meeres in seiner Fülle! Stille, in die ich die Stadt von der Höhe der Berge einschließe, ihren verstummten Wagenlärm, ihre Schreie und den hellen Klang ihrer Schmiedehämmer! Alle diese Dinge sind schon im Gefäße des Abends aufgehoben. Gott wacht über unserem Fieber, sein Mantel breitet sich über die Unruhe der Menschen.

Oh Herr! Möchtest Du eines Tages, wenn Du unsere Schöpfung in die Scheuer einbringst, jenes große Tor für die geschwätzige Rasse der Menschen öffnen; möchtest Du ihnen im ewigen Stall ihren Platz weisen, wenn die Zeiten vollendet sind, und unseren Fragen ihren Sinn nehmen, wie man die Krankheiten heilt.

Denn es ist mir vergönnt zu begreifen, daß aller Fortschritt des Menschen in der Entdeckung besteht, wie seinen Fragen, einer nach der anderen, kein Sinn innewohnt; habe ich doch meine Weisen befragt, und sie haben nicht etwa einige Antworten auf die Fragen des letzten Jahres gefunden – nein, Herr, sie lächeln heute über sich selber, denn die Wahrheit kam ihnen als das Auslöschen einer Frage.

Ich weiß wohl, Herr, daß die Weisheit nicht in der Antwort besteht, sondern daß sie von der wetterwendischen Sprache erlöst. Und das gilt auch für die Liebenden, die auf der niedrigen Mauer vor der Orangenpflanzung sitzen, Schulter an Schulter mit baumelnden Beinen, und genau wissen, daß sie auf die Fragen keine Antwort erhielten, die sie gestern gestellt haben. Ich kenne aber die Liebe und weiß: sie besteht darin, daß keine Frage mehr gestellt wird. Und ich überwinde Gegensatz um Gegensatz und schreite auf die Stille aller Fragen zu; so finde ich die Seligkeit.

(Antoine de Saint-Exupéry)

Ich bin sprachlos

Die Exaltiertheit der ersten Erfahrung ist jetzt durch eine große, innere Ruhe abgelöst. Bei den meisten Erfahrungen ging eine große Verzweiflung voraus. Ich erlebte mich schuldig, selbstsüchtig und niedrig. Was blieb mir übrig? Wenn ich mich nicht umbringen wollte oder die Bettdecke über den Kopf ziehen wollte, setzte ich mich auf mein Kissen und atmete. Und irgendwann, ganz plötzlich, völlig unerwartet und immer auch ganz anders, als ich mir es vorgestellt hatte, erfuhr ich es. Alle Schwere fiel ab, der Atem war nicht mehr wahrnehmbar, alle Gedanken waren weg. Ich war einfach da. Leer, ohne ein Urteil, ob dies schön, gut, häßlich oder schlecht ist. Alles, was war, war einfach. Innere Ruhe, Gelassenheit erfüllte mich, aber nicht so, daß ich ruhig wurde, ich war die Ruhe, ich war der Baum, das A, das getönt wurde, alles war eins, ich war eins.

Die schönste Erfahrung war, als diese Erfahrung der Leerheit sich im Tun zeigte. Alles wurde so sanft und zart, es schenkte sich mir alles. Ich trank, aß, ging in einer übergroßen Dankbarkeit. Ich brauchte nicht bescheiden zu sein im Essen, es war alle Gier abgefallen. Ich aß und trank zurückhaltend, nicht weil man es so macht. Es war einfach so. Ich trampelte nicht auf den Boden, weil man es nicht macht, sondern weil der Boden und ich eines waren. Die Arbeiten gingen mir in unbeschreiblicher Weise von der Hand, ohne Hast. Das Bett wurde so schön gemacht, wie noch nie. Bei der Arbeit löste sich das Unkraut so leicht, als bräuchte ich gar nicht zu zupfen. Ich tat es einfach, ohne zu urteilen, nicht gedankenlos, aber auch nicht mit Gedanken, bewußt, leicht, einfach, ruhig. Alles war gleich, ob ich aß oder nicht, schlief oder nicht, liebte oder nicht, der Staub und die Blume, das Auto, der Baum, und doch war das alles nicht bedeutungslos. Was ich aus der Gelassenheit heraus tat, war es, war alles.

Ich bin ganz transparent und durchscheinend geworden. Innen und Außen sind nicht mehr da. Da sind nur noch die punktuellen Augenblicke des Gehens, der Autos usw., aber ich kann nicht mehr orten, woher sie kommen. Es ist raumlos um mich geworden, und ich selbst habe mich und darin verloren. Links, rechts, oben, unten, ich weiß es nicht mehr. Die ganze Räumlichkeit ist aufgehoben. Gleichzeitig stelle ich fest, daß auch die Zeit nicht mehr existiert. Da ist nur noch dieser eine kristallklare Augenblick, sonst nichts. „Vorher" und „nachher" sind völlig verschwunden. Alles ist ein „Gleichzeitig": Raumlos, zeitlos. Jeder einzelne Augenblick bereitet mir so große Freude wie die Geburt meiner Kinder, aber Freude ist das verkehrte Wort. Es ist einfach, wie es ist. Unbeschreiblich! Nichts weiter. Ich bemerke, daß es in dieser Zeitlosigkeit keinen Anfang und kein Ende gibt, kein Kommen und Gehen, kein Werden und Vergehen, keinen Tod und keine Geburt. Ich bin sprachlos. Ich fühle mich bewußtlos, ohne Bewußtsein. Mir wird klar, es gibt kein Bewußtsein, keine Sünden, keinen Himmel, keine Hölle, kein Karma!

In meinem Innern knie ich noch immer erschauernd vor dem unauslotbaren „Nicht ist" der Leere, die auch Form ist.

(Erfahrungsbericht)

Ich

Verkleidet ist das Ich,
das nur aus gleichgültigen Urteilen,
sinnlosen Auszeichnungen und protokollierten
„Leistungen" geschaffen ist.

Eingeschnürt in die Zwangsjacke des Naheliegenden.
Aus dem alle heraustreten, nackt, auf des Morgenlichts Klippe –
empfangen, unversehrbar, frei: im Licht, mit Licht, vom Licht.
Einer, wirklich in dem einen.
Heraus aus mir selbst, dem Hindernis,
hinaus zu mir selbst, der Erfüllung.

(Dag Hammarskjöld)

Auferstehung

Vor seiner Geburt
war Jesus
auferstanden

Sterben gilt
nicht
für Gott und seine Kinder

Wir Auferstandene
vor unsrer Geburt

(Rose Ausländer)

Tiefer Friede

Die Welt ist zusammengebrochen! Kein Innen, kein Außen, kein Himmel, keine Erde! Ich bin Nichts, keine Person, kein Mensch, – nur Geist, Geist in dieser Bewegung des Schreibens.
Das ist es! Nur das! Nur der Strich! Nicht mehr! Ich bin die Ur-Wirklichkeit, ohne Anfang und Ende.
Ich bin DAS EINZIGE im Himmel und auf Erden!
ES ist das Einzige im Himmel und auf Erden!
ES ist das Einzige im raumlosen Raum.
Überall – jederzeit – jetzt – und noch nirgendwo.
Nur das!

Bäume und Häuser haben keine Farben und Formen mehr. Wunderbar! Nur das Ticken der Uhr: tick, tick, tick ... Kein Unterschied zwischen ihr und mir, nur: tick, tick, tick ...
Jeder Augenblick Freude, neu, einmalig!
Keine Welt, kein Körper, nur dieses Schreiben!
Wem soll ich danken?
Ich bin Es – Bin Es – Bin! – Nur Sein!
Keinen Augenblick versäumen! Eine neue Dimension jenseits von Raum und Zeit. Nur dies!

„Tod, wo ist dein Stachel?" Nichts weiter. Ich habe ihn besiegt, es gibt ihn überhaupt nicht! Klack! Die Holzblöcke schlagen aneinander. Wie fremdgesteuert gehe ich an meinen Platz. Ich verbeuge mich. Da ist nur dies! Kein Wenn und Aber, kein Warum und Wieso. Ich bin unendlich glücklich, aber dieses Wort ist viel zu klein, viel zu menschlich! Eigentlich bin ich gar kein Mensch mehr. Ich bin gefühllos, gedankenlos, raumlos, zeitlos, bewußtlos. Nur hier, nur jetzt, dieser Augenblick!

„Heute bin ich ‚zu Hause' angekommen. Da ist nur unendliche Weite und tiefer Frieden und vollkommene Freiheit. Ich ging wie gewöhnlich nach dem Mittagessen zu dem Bächlein hinter dem Meditationshaus und setzte mich auf einen Stein. Neben mir lag ein Blatt auf dem Boden, das der Wind hin- und herbewegte. Da war mit einem Mal nur dieses Hin und Her, nichts weiter, kein Denken, das „schschsch" des Baches und das „Kikeriki", sonst nichts. Ich ging wie betäubt in den Speisesaal und trank Kaffee. Aber ich habe mich selbst getrunken. Auf der Toilette habe ich mich selbst hinuntergespült. Es war wunderbar. Ich ging den Berg hinauf. Ich war allein. Ich legte mich in die Wiese und umarmte die Welt, das ganze Weltall. Mir war bewußt: Ich bin Schöpfer und Geschöpf zugleich! Ich bin Alles! Das Gute und das Böse, ohne Wertung. Die Unendlichkeit hat mich wieder.

Vom Spotten war die Rede. Es ist doch niemand da, der verspottet werden kann! Ich hinterlasse keine Spuren mehr! Ich bin eins mit der Unendlichkeit. Wen sollte das Karma treffen? Es ist aufgehoben, es existiert nicht mehr. Was wirklich ist, ist das Bellen des Hundes in diesem Augenblick. Ich bin innerlich sprachlos geworden, ohne Denken, ohne Begriffe. Mein Lehrer sprach vom Sakrament des Augenblicks, ich empfinde es wie eine kristallklare Bewußtlosigkeit.

(Erfahrungsbericht)

Das namenlose Sein

Millionen Sonnen sind beschämt vom Glanz
eines einzigen Haars Seines Körpers.
Welch' wahrhafte Melodien ertönen
auf der Harfe des „Weges"?
Ihre Töne dringen ins Herz:
Dort spielt der Ewige Quell
Seine ewigen Lebensströme von Geburt und Tod.
Sie nennen Ihn Nirwana, der die Wahrheit der Wahrheiten,
in dem alle Wahrheit gespeichert!
Dort in Ihm die Schöpfung hält an,
die jenseits aller Philosophie,
denn Philosophie kann Ihn nicht erreichen.
Dort ist eine endlose Welt, o mein Bruder!
Das Namenlose Sein ist dort,
von dem nichts gesagt werden kann.
Nur der kennt es, der diese Gegend erreicht:
es ist anders als was man hört und sagt.
Keine Form, kein Körper, keine Länge und Breite
ist dort zu sehen:
wie könnt' ich dir sagen, was es ist?
Der kommt zum Pfad des Unendlichen,
zu dem die Gnade des Herrn herabsteigt:
er ist befreit von Geburten und Toden, der Ihn erreicht.

Kabir sagt:
Es kann nicht gesagt werden durch Worte des Mundes,
es kann nicht beschrieben werden auf Papier.
Es ist wie ein Stummer, der etwas Süßes schmeckt –
wie könnte man das erklären?

(Kabir)

Verbundensein mit allem

Wieder habe ich die Weisheit in mir, wieder bin ich ohne Fragen, nur mit Liebe, vollstes Mitgefühl, Verbundensein mit allem und weiß, was Freisein bedeutet – alles habe ich schon erlebt, etwas anders, aber ähnlich, auch diesmal ist die Seligkeit Leere, die Einsamkeit und die Fülle das Mu, das Nichts, das Grenzenlose, die Seligkeit. Niemals kann man das in Worte kleiden. Ich darf noch einmal schauen, und weiß wieder, weiß, wenn es heißt, „berührt" zu werden, heilig, heil zu sein, hochgetragen zu sein. Wieder erlebe ich in einer kurzen Zeitspanne alle Herrlichkeit und wieder muß ich weinen. Ich weine voller Dankbarkeit. Ich bin nun ganz klar und weiß, Gott ist alles, wie aller-, allerfeinste Energie, aus der auch ich bin, in mir und um mich in jedem Ding, in jedem Wesen. Alles fließt ineinander. Alles ist wieder tiefster Frieden, Ruhe. Ich habe kein Bestreben mehr, keine Sehnsucht, keinen Unterschied.

Wieder sehe ich alles anders, die Dimensionen sind noch anders. Ich schütte den Tee neben die Tasse, muß mich zum Essen zwingen, muß genau hinsehen zu meinen Schuhen, immer noch fließt alles. Diesmal weine und lache ich zugleich. Noch immer kann ich es nicht erzählen, nur andeuten – ich bin noch zu voll davon, weiß nicht, wann ich was erlebt habe, meinen Körper gefühlt habe – irgendwann war alles weg und doch da, einfach und nüchtern zugleich.

Es hat mich gestern, als ich auf der Terrasse saß und in den Garten schaute, die „Leere" so sehr gepackt, eine Leere, die eigentlich „nicht ist", und dieses „nicht ist", das „ist es". Und es packt mich seither immer wieder, dieses „nicht ist“. Ich erschauere und habe keine Worte, es auszudrücken. Wahrscheinlich gibt es keine Worte, es auszudrücken. Wahrscheinlich gibt es keine Worte, man kann nur in Ehrfurcht schweigen.

Das Ich fühlte ich in der Tiefe so „makellos“, obwohl ich genau um alle Fehler, Gebrechen, Irrtümer und Versäumnisse meines Lebens wußte. Mir war, und mir ist es, als sei ich in meinen Urgrund, Ursprung heimgekehrt. Kommt von daher das große Glück, das immer wieder in mir hochquillt? – Eigentlich war alles in den 74 Jahren meines Lebens nur Gnade, Gnade, völlig unverdiente Gnade.

(Erfahrungsbericht)

Im Garten der Gottesliebe

O, der du Mir dienst, wo suchest du Mich?
Siehe, Ich bin bei dir.
Ich bin weder im Tempel noch in der Moschee,
weder in der Kaaba noch auf dem Kailash.
Weder bin Ich in Riten und Zeremonien,
noch in Yoga oder Entsagung.
Wenn du ein wahrhaft Suchender bist,
wirst du Mich sogleich sehen,
Mir begegnen im gleichen Augenblick.
Kabir sagt: O Sadhu!
Gott ist der Atem
allen Atems.

(Kabir)

Im Anfang war Er allein

Im Anfang war Er allein, sich Selbst genügend;
formloses, farbloses, bedingungsloses Sein.
Damals war weder Anfang, noch Mitte, noch Ende;
damals gab's weder Augen, noch Dunkel, noch Licht.
Damals gab's weder Grund noch Luft,
weder Himmel noch Feuer, weder Wasser noch Erde,
keine Flüsse wie Ganges und Jumna,
keine Seen, Ozeane und Wellen.
Damals gab's weder Laster noch Tugend,
Schriften gab's nicht, nicht Veden, Puranas, Koran.
Kabir denkt nach und sagt:
Dann gab es damals kein Tun:
das Höchste Sein blieb eins
in den unbekannten Tiefen Seines eigenen Selbst.
Der Meister ißt nicht noch trinkt Er,
weder lebt Er, noch stirbt Er.
Er hat nicht Form, nicht Konturen, Farbe nicht Sein Gewand.
Er hat weder Kaste noch Familie noch sonstwas –
wie kann Seinen Ruhm ich beschreiben?
Er hat weder Form noch Formlosigkeit,
Er hat keinen Namen,
Er hat weder Farbe noch Farblosigkeit,
Er hat keinen Ort, wo Er wohnt.

(Kabir)

Zum anderen Ufer

Zu welchen Ufer würdest du kreuzen, mein Herz?
Da ist kein Reisender vor dir,
keine Straße.
Wo ist Bewegung, wo Ruhe
an jenem Ufer?
Dort ist kein Wasser, kein Boot,
kein Bootsmann dort.
Dort ist kein Stück Seil, das Boot zu vertäuen,
noch jemand, der es an Land zieht.
Nicht Erde, nicht Himmel, nicht Zeit –
kein Ding ist dort,
nicht Ufer, nicht Furt.
Dort ist weder Körper noch Geist:
und wo ist der Ort,
der stillt den Durst meiner Seele?
In dieser Leere wirst du nichts finden.
Sei stark: geh hinein in dich selbst:
denn da ist dein Halt fest.
Bedenke es wohl, mein Herz!
Gehe nicht anderswohin.
Kabir sagt:
Vorstellungen lege beiseit'
und steh fest in dem,
was du bist.

(Kabir)

Daio Kokushi: Über Zen

Es gibt eine Wirklichkeit, die vor Himmel und Erde steht.
Sie hat keine Form, geschweige denn einen Namen.

Augen können sie nicht sehen.
Lautlos ist sie, nicht wahrnehmbar für Ohren.
Sie Geist oder Buddha zu nennen, entspricht nicht ihrer Natur,
wie das Trugbild einer Blume wäre sie dann.
Nicht Geist noch Buddha ist sie;
vollkommen ruhig erleuchtet sie in wunderbarer Weise.
Nur dem klaren Auge ist sie wahrnehmbar.
Das Dharma ist sie und wirklich jenseits von Form und Klang.
Das Tao ist sie, und Worte haben nichts mit ihr zu tun.
In der Absicht, Blinde anzuziehen,
ließ Buddha seinem goldenen Munde spielerische Worte entspringen;
seitdem sind Himmel und Erde überwuchert mit dichtem
Dornengebüsch.
O meine lieben und ehrenwerten Freunde,
die ihr hier versammelt seid:
Wenn ihr euch danach sehnt,
die donnernde Stimme des Dharma zu hören,
gebt eure Worte auf,
entleert eure Gedanken,
dann kommt ihr so weit,
das eine Sein zu erkennen.

(Klassischer Zen Text)

Die erste Ursache

Die erste Ursache von allem
ist weder Sein noch Leben;
denn sie ist es ja gewesen,
Die Sein und Leben erst erschaffen.

Die erste Ursache
ist auch nicht Begriff oder Vernunft;
denn sie ist es ja gewesen,
Die Begriffe und Vernunft erst erschaffen.

Die erste Ursache
ist auch nicht an einem bestimmten Ort zu finden,
weder an einem Ort im Raum,
noch an einem Ort in Gedanken;
denn jeder Ort ist ja nur ein Geschöpf.

Nichts in dieser Welt ist die erste Ursache;
denn alles in dieser Welt
ist ja von ihr erschaffen.

Und dennoch ist sie keineswegs ohne Macht:
Denn sie hat doch alles erschaffen,
alles ins Sein gerufen, was ist.
Und Schöpfung, Ruf ins Sein, braucht eine Macht,
damit auch wirklich etwas entsteht.

Und dennoch ist diese erste Ursache
auch keine Macht;
denn sie ist es ja gewesen,
die die Macht erst erschaffen hat.

(Dionysius Areopagita)

Gelassenheit

Hätten alle Teufel
und alle Menschen sich verschworen,
und würde der Mensch alles erleiden
und sich lassen
und diese Finsternis und Bedrängnis aushalten,
wie es ihn auch schmerzen und bedrücken mag,
und würde er keine Ausflüchte suchen, so oder so,
darin nähme er mehr zu und käme weiter
als in all den äußeren Übungen,
die die ganze Welt zusammen tun könnte.

Bleibe nur bei dir selber
und lauf nicht nach außen
und halte dein Leiden aus
und suche nicht etwas anderes! –
So laufen etliche Menschen,
wenn sie in dieser inwendigen Armut stehen,
um immer etwas anderes zu suchen
und dadurch der Bedrängnis zu entgehen.
Das ist gar schädlich.
Oder sie gehen um zu klagen
oder um Lehrmeister zu fragen,
und geraten noch mehr in die Irre.

Da kommen einige und reden von so großen,
geistigen, überwesentlichen, überformlichen Dingen,
gerade als wären sie über die Himmel geflogen.
Und dabei kamen sie noch nie
einen Schritt aus sich selber
durch Erkenntnis ihres eigenen Nichts.

Sie mögen wohl zu vernünftiger Wahrheit gelangt sein;
aber zur lebendigen Wahrheit,
wo die Wahrheit Wahrheit ist,
dazu gelangt niemand
als auf diesem Weg des eigenen Nichts.

(Johannes Tauler)

Der wahre Friede

Wahrlich, wir sind und wollen und wollten
stets etwas sein,
immer einer über dem anderen.
Darum aller Streit und alle Mühe: daß man etwas ist,
daß man groß, reich, hoch und mächtig ist.
Ein jeder will stets etwas sein und scheinen.

Aller Jammer kommt allein davon,
daß wir etwas sein wollen.
Das Nichts-sein,
das hätte in allen Lebensweisen,
an allen Orten,
an allen Leuten,
völligen, wahren,
wesentlichen, ewigen Frieden
und es wäre das Seligste,
das Sicherste und das Edelste,
das diese Welt hat,
– aber niemand will daran,
weder reich noch arm,
weder jung noch alt.

(Johannes Tauler)

Anleitung in die Übung

Der Mensch soll sich in der Nacht und unter Tags
stets eine gute Zeit nehmen,
und in der soll er sich
in seinen Grund hinein versenken,
jeder auf seine Weise.
Die edlen Menschen, die sich in Lauterkeit
ohne Bilder und Formen
in Gott versenken können,
sie sollen es tun auf ihre Weise.
Und die anderen sollen sich
ebenfalls auf ihre Weise
eine gute Stunde darin üben;
jeder auf seine Weise.

Nach dem nächtlichen Chorgebet
bleib im Gebetsraum
ungefähr für die Dauer einer gesungenen Messe
und nimm vor allem dein Herz und deinen Grund wahr!
Wenn dann der Kopf schwach zu werden beginnt
und die leibliche Natur schwer,
so begib dich in dein Gemach,
wo die leibliche Natur am wenigsten behindert wird,
etwa ans Bett oder darauf
und kehre dich ganz in dich selbst;
das kann man besser im Gemach tun als anderswo.
Denn wenn man nicht zur Ruhe kommt
und die natürlichen Bedürfnisse abgewürgt werden,
dann wird man grobsinnig und zerstreut.

(Johannes Tauler)

Der Weg nach Hause

Ich trat ein und wußt' nicht wo,
und ich blieb auch ohne Wissen,
alles Wissen übersteigend.

Wo ich eintrat, wußt' ich nicht.
Doch als ich mich dort gewahrte,
ohne Kenntnis meiner Bleibe,
hörte ich von großen Dingen.
Was ich hörte, sag' ich nicht.
Blieb ich doch ganz ohne Wissen,
alles Wissen übersteigend.

Frieden war's mit Gott und Welt,
wovon ich zutiefst erfuhr
ganz allein in meinem Herzen.
Klar ward mir der rechte Weg.
Alles war so voll Geheimnis,
daß ich nur noch stammeln konnte,
alles Wissen übersteigend.

Trunken war ich, wie von Sinnen,
hingerissen, außer mir.
Blieb dabei doch mein Empfinden
jeglicher Empfindung bar.
Und der Geist sah sich beschenket
mit Verstehn, das nicht verstand,
alles Wissen übersteigend.

Jeder, der dorthin gelangt,
wird ganz irre an sich selbst.
Alles, was er vorher wußte,
scheint ihm jetzt verschwindend klein.
Und sein Wissen wächst so sehr,
daß er ohne Wissen bleibt,
alles Wissen übersteigend.

Doch je höher man dort steigt,
desto weniger versteht man,
daß die dunkle Wolke kommt,
um die Nacht uns zu erhellen.
Wer sie kennt, die dunkle Wolke,
der bleibt immer ohne Wissen,
alles Wissen übersteigend.

Dieses Wissen, das nicht weiß,
ist von großer Mächtigkeit,
und die Weisen können nie,
denkend sich's zu eigen machen.
All ihr Wissen reicht nicht hin,
nicht verstehend zu verstehen,
alles Wissen übersteigend.

Jenes allerhöchste Wissen
ist so überhoch erhaben,
daß kein Können und kein Wissen
jemals es begreifen kann;
nur wer selber sich besiegte
durch ein Wissen, das nicht weiß,
wird's für immer übersteigen.

Doch wer hören will, der höre:
Dieses allerhöchste Wissen
ist Empfinden hoch erhaben
Gottes eig'ner Wesenheit;
diese wirkt in ihrer Güte
und läßt nicht verstehend bleiben,
alles Wissen übersteigend.

(Johannes vom Kreuz)

Wie gut weiß ich den Quell

Wie gut weiß ich den Quell,
der fließt und strömt,
obwohl es Nacht ist.

Ja, jene ew'ge Quelle ist verborgen.
Doch weiß ich gut, wo ihre Bleibe ist,
obwohl es Nacht ist.

Den Ursprung kenn ich nicht, denn sie hat keinen.
Doch aller Ursprung stammt aus ihr. Ich weiß es,
obwohl es Nacht ist.

Ich weiß, daß nichts so schön sein kann wie sie,
daß Himmel und die Erde aus ihr trinken,
obwohl es Nacht ist.

Ich weiß, es findet sich kein Grund in ihr,
und keines Menschen Fuß kann sie durchwaten,
obwohl es Nacht ist.

Die Klarheit, die sie hat, wird nie verdunkelt,
und alles Licht – ich weiß es – stammt von ihr,
obwohl es Nacht ist.

Ich weiß, daß ihre Ströme, reich an Wasser,
die Hölle, Himmel und die Völker tränken,
obwohl es Nacht ist.

Der Strom, den dieser Quell aus sich entläßt,
ist mächtig, ja allmächtig, wie ich weiß,
obwohl es Nacht ist.

Dem Strom, der aus den beiden hier hervorgeht,
ich weiß's, geht keiner von den zwei'n voran,
obwohl es Nacht ist.

Ja, diese ew'ge Quelle ist verborgen
in diesem Brot, um Leben uns zu geben,
obwohl es Nacht ist.

Von hier wird alle Kreatur gerufen,
und dieses Wasser sättigt sie – im Dunkeln,
weil es ja Nacht ist.

Den Lebensquell, nach welchem ich mich sehne,
in diesem Brot des Lebens seh' ich ihn –
jedoch bei Nacht.

(Johannes vom Kreuz)

Gott ist konkrete Gegenwart

Wenn Gott den Menschen jetzt bereit findet,
so schaut er nicht darauf
was er vorher gewesen ist.
Gott ist ein Gott der Gegenwärtigkeit.
Wie er dich findet,
so nimmt er und empfängt er dich,
nicht als den, der du gewesen,
sondern als den, der du jetzt bist.

(Deutsche Mystik)

Hadewijch von Antwerpen

„Ich gehöre nicht mehr mir, es bleibt mir nichts von mir selbst."
„Er hat die Substanz meines Geistes verschlungen."
„Die Seele wird mit Gott genau das, was er ist."

„Das Feuer (der Liebe) macht keinen Unterschied,
es verzehrt alles, was es erfaßt:
Ich versichere Euch ...
von Verdammnis oder Segen ist nicht mehr die Rede.
In der Erfüllung der Liebe ist man Gott geworden."
„Wer das Wunder verstanden hat, das Gott in seiner Göttlichkeit ist,
erscheint oft den Menschen, die diese Erkenntnis nicht haben,
gottlos durch ein Übermaß an Gott,
unwissend durch ein Übermaß an Wissen."

(Hadewijch von Antwerpen)

Es ist wie es ist

Liebeserklärung

„Ich bin der, den ich liebe, und der, den ich liebe, ist ich."

(Halladsch)

Was es ist

Es ist Unsinn
sagt die Vernunft

Es ist was es ist
sagt die Liebe

Es ist Unglück
sagt die Berechnung

Es ist nichts als Schmerz
sagt die Angst

Es ist aussichtslos
sagt die Einsicht

Es ist was es ist
sagt die Liebe

Es ist lächerlich
sagt der Stolz

Es ist leichtsinnig
sagt die Vorsicht

Es ist unmöglich
sagt die Erfahrung

Es ist was es ist
sagt die Liebe

(Erich Fried)

Wenn ich in den Sprachen der Menschen und Engel redete

Wenn ich in den Sprachen der Menschen und Engel redete,
hätte aber die Liebe nicht,
wäre ich dröhnendes Erz oder eine lärmende Pauke.

Und wenn ich prophetisch reden könnte
und alle Geheimnisse wüßte und alle Erkenntnisse hätte;
wenn ich alle Glaubenskräfte besäße
und Berge damit versetzen könnte,
hätte aber die Liebe nicht, nützte es mir nichts.

Die Liebe ist langmütig,
die Liebe ist gütig.
Sie ereifert sich nicht,
sie prahlt nicht,
sie bläht sich nicht auf.

Sie handelt nicht ungehörig,
sucht nicht ihren Vorteil,
läßt sich nicht zum Zorn reizen,
trägt das Böse nicht nach.
Sie freut sich nicht über das Unrecht,
sondern freut sich an der Wahrheit.
Sie erträgt alles, glaubt alles, hofft alles, hält allem stand.
Die Liebe hört niemals auf.

(Paulus von Tarsus 1. Kor 13, 1 ff)

Meister Dung Go

Ein Taoist befragte den Dschuang Dsi und sprach:
‚Was man den Sinn (Tao) nennt, wo ist er zu finden?'
Dschuang Dsi sprach: ‚Er ist allgegenwärtig.'
Meister Dung Go sprach: ‚Du mußt es mir näher bestimmen.'
Dschuang Dsi sprach: ‚Er ist in dieser Ameise.'
Jener sprach: ‚Und wo noch tiefer?' – Dschuang Dsi sprach: ‚Er ist in diesem Unkraut.'
Jener sprach: ‚Gib mir noch ein geringes Beispiel.' Er sprach: ‚Er ist in diesem tönernen Ziegel.' – Jener sprach: ‚Und wo noch niedriger?' Er sprach: ‚Es ist in diesem Kothaufen.'
Meister Dung Go schwieg stille. (8)

(Tschuang-tse)

Der Gruß

Die Blume in der Wiese
grüßt die Blume in mir.
Gott umarmt sich.

(Gertrud Sopp)

Wiedergeboren

Mein Ort ist ortlos,
spurlos meine Spur,
mein Körper körperlos und seelenlos die Seele,
denn ich gehöre dem Geliebten.
Alles Endliche wird so unendlich.
Ich habe alle Trennung überwunden,
ich sehe beide Welten als All-Einheit.

(Erfahrungsbericht)

Das Wunder

Ich erlebe 1000 Wunder!
Ich komme von nirgendwo her,
ich gehe nirgendwo hin,
es gibt mich überhaupt nicht.
Und trotzdem kann ich gehen, essen,
die Treppen hochgehen
und diese Zeilen schreiben.
Ist das nicht ein Wunder?
Es haut einen vom Stuhl!

(Erfahrungsbericht)

„... im Leben ...“

Der ist mir wahrlich lieb,
der den Wanderer nach Hause
zurückrufen kann.
Zuhaus ist die wahre Einheit,
zuhaus ist Freude am Leben –
warum sollt' ich mein Heim verlassen
und in den Wald gehen?
Wenn Brahma mir hilft,
die Wahrheit zu realisieren,
so werd' wahrhaftig ich finden beides:
Bindung und Erlösung zuhause.

Der ist mir wahrlich lieb,
der die Kraft hat,
tief in Brahma zu tauchen,
dessen Geist sich verliert
leicht in Seiner Betrachtung.

Der ist mir wahrlich lieb,
der Brahma kennt
und in Versenkung wohnt
auf Seinem Gipfel der Wahrheit;
der auch, der spielen kann
die Melodien des Unendlichen,
Liebe und Verzicht vereinend
im Leben.

(Kabir)

Shodoka – Gesang vom Erkennen des TAO von Yoka Daishi

1. Siehst du nicht jenen gelassenen Menschen des TAO,
Jenseits von Lernen und Streben.
Er vermeidet nicht eitle Gedanken, noch sucht er die Wahrheit.
Er weiß: Die wahre Natur der Unwissenheit ist die Wesensnatur.

2. Der leere Schein-Leib ist der wahre Dharma-Leib.
Wenn der Dharma-Leib voll erwacht,
Ist nicht ein Ding.
Die Quelle der Ich-Natur ist die angeborene Wesensnatur.

3. Die fünf Skandhas kommen und gehen
Wie vorüberziehende Wolken am leeren Himmel.
Gier, Zorn und Verblendung erscheinen und verschwinden
Wie Blasen auf der Oberfläche des Meeres.

4. Erfahren wir die Wirklichkeit,
Gibt es weder Mensch noch Ding,
Und alles Karma, das zur Hölle führt, verschwindet im Nu.
Wenn das eine Lüge ist, die Menschen zu täuschen,
Sei meine Zunge für immer ausgerissen.

5. Wenn wir plötzlich zum Tathagata-Zen erwachen,
Sind die sechs Paramitas und alle guten Taten
Bereits vollendet in uns.
Im Traum sehen wir klar die sechs Wege;
Wenn wir erwachen, ist das ganze Universum leer.

6. Keine Sünde, kein Segen, kein Verlust und kein Gewinn:
Suche solche Dinge nicht inmitten des vollkommenen Friedens.
Bis jetzt wurde der staubige Spiegel nicht gereinigt.
Laßt ihn uns heute reinigen, einmal und für immer.

7. Wer hat keine Gedanken? Wer ist nicht geboren?
Wenn wir wahrhaftig nicht geboren sind,
So sind wir auch nicht ungeboren.
Solange wir Buddha suchen und verdienstvolle Werke vollbringen,
Werden wir Erleuchtung nie erlangen.

8. Laß die vier Elemente los.
Esse und trinke nach Belieben in vollkommener Klarheit.
Alle Dinge sind vergänglich und leer:
Das ist die große und vollkommene Erleuchtung des Tathagata.

9. Diese klare Überzeugung kennzeichnet den wahren Schüler.
Ist jemand damit nicht einverstanden,
Kann er mich ruhig fragen.
Wird die Wurzel geradewegs herausgerissen,
Drückt Buddha sein Siegel auf.
Wer Blätter sammelt und nach Ästen sucht,
Kann ich nicht helfen.

10. Die Menschen kennen nicht den Juwel,
Tief in der Schatzkammer des Tathagata verborgen.
Sein wunderbares Wirken in den sechs Sinnen
Ist leer und nicht-leer.
Sein vollkommenes Licht ist Form und Nicht-Form.

11. Die fünf Augen zu klären und die fünf Kräfte zu erlangen,
Ist nur in der Erfahrung jenseits der Gedanken möglich.
Bilder in einem Spiegel zu sehen, ist nicht schwer,
Aber wer kann den Mond im Wasser fassen?

12. Allein wirken sie, allein ziehen sie dahin;
Unbeschwert wandern alle Vollendeten
auf demselben Pfad des Nirvana.
Ihre Erscheinung ist zeitlos. Ihr Geist ist klar,
Ihr Benehmen natürlich und vornehm.
Hager, mit knochigem Gesicht
Gehen sie unbeachtet durch die Welt.

13. Die Kinder Shakyas gelten als arm,
Doch arm nur am Leibe, nicht im TAO.
Obwohl stets in Lumpen gehüllt,
Bewahren sie doch im Innern einen kostbaren Schatz.

14. Trotz steten Gebrauches nützt der kostbare Schatz sich nicht ab.
Großzügig geben sie allen, soviel sie begehren.
Die drei Körper und die vier Weisheiten
Sind in ihrem Sein vollendet.
Die acht Befreiungen und die sechs übernatürlichen Kräfte
Sind eingeprägt in den Grund ihres Geistes.

15. Der beste Schüler klärt es einmal und für immer;
Die andern sind sehr gelehrt, doch bezweifeln sie viel.
Leg' doch die schmutzigen Gewänder ab, an denen du hängst.
Warum bist du stolz auf deine frommen Übungen?

16. Mögen die andern mich tadeln und verdammen, soviel sie wollen.
Mit einer Fackel versuchen sie, den Himmel in Brand zu stecken;
Am Ende werden sie nur müde davon.
Ihre Verleumdungen schmecken wie süßer Tau.
Denn alles vergeht, und plötzlich bin ich im Reich des Nichtdenkens.

17. Wenn ich bedenke, wie hilfreich Verleumdungen sind,
Wird der Verleumder mein guter Freund.
Wenn ich gekränkt werde und gleichmütig bleibe,
Brauche ich die Kraft des ungeborenen Mitleids
Und die Macht der Weisheit nicht mehr zu zeigen.

18. Ich habe Wesen und Ausdruck voll erfaßt.
Einsicht und Weisheit sind vollkommen klar.
Ich verweile nicht in der Leere.
Aber nicht allein habe ich das erreicht:
Alle Erleuchteten, unzählbar wie der Sand am Ganges,
Sind von gleichem Wesen.

19. Das Löwengebrüll der furchtlosen Lehre
Zerschmettert das Gehirn der Tiere, wenn sie es hören.
Selbst der vornehme Elefant vergißt seinen Stolz und rennt davon.
Nur der himmlische Drache hört still und freudig zu.

20. Ich zog über Flüsse und Seen, überquerte Berge und Ströme,
Besuchte Meister, fragte nach dem TAO und übte Zen.
Erst seit ich den Weg zu Hui Neng gefunden,
Weiß ich: Um Leben und Tod muß ich mich nicht kümmern.

21. Gehen ist Zen, Sitzen ist Zen,
Sprechen oder Schweigen, Bewegung oder Ruhe –
Das Wesen ist immer in Frieden.
Selbst das Schwert des Todes vor Augen bleibt es unbewegt.
Auch beim Trinken von Gift ist es ruhig.

22. Unser Lehrer traf einst Dipankara Buddha,
Viele Äonen lang übte er sich als Asket, genannt Kshanti.
Wie oft sind wir geboren, wie oft werden wir sterben?
Leben und Tod folgen einander in Ewigkeit.

23. Seit ich das Ungeborene plötzlich erfahren,
Macht mich Ehre oder Schmach weder glücklich noch traurig.
Tief in den Bergen lebe ich still und abgeschieden
Unter steilen Felsen und alten Föhren.
Ruhig und zufrieden sitze ich in meiner Einsiedelei
Und genieße das einfache und einsame Leben.

24. Bist du wirklich erwacht, verstehst du:
Es gibt kein Anhäufen von Verdiensten.
Es gleicht nicht den Gesetzen der Erscheinungswelt.
Gute Werke, die Belohnung erwarten, mögen geistigen Gewinn bringen,
Doch sie gleichen einem Pfeil, in den leeren Himmel geschossen;
Wenn seine Kraft nachläßt, fällt er auf die Erde zurück
Und bringt Unglück im kommenden Leben.
Ist es nicht besser, durch das Tor der unwandelbaren Wirklichkeit einzutreten
Und direkt bis zum Grund des Tathagata vorzudringen?

25. Halte dich nur an die Wurzel,
Sorge dich nicht um die Zweige.
Es ist wie der Mond, leuchtend in kristallener Schale.
Nun erkenne ich den wunsch-erfüllenden Juwel,
Der mir und allen zur unerschöpflichen Wohltat wird.

26. Der Mond scheint auf den Fluß,
Der Wind weht durch die Föhren.
Das reine Schweigen dieser langen Nacht –
Wozu?

27. Der Juwel der Gebote des wahren Selbst
Ist eingeprägt in den Grund meines Geistes.
Mein Kleid ist der Tau, der Nebel, der Dunst und die Wolke.
Die drachen-besänftigende Schale und der tiger-trennende Stab mit den beiden klingenden Ringen
Sind nicht leere überlieferte Formen,
Sondern Spuren, hinterlassen vom kostbaren Stab des Tathagata.

28. Ich suche weder die Wahrheit, noch weise ich Täuschungen ab.
Ich weiß: alle Gegensätze sind leer und ohne Form.
Doch diese Nicht-Form ist weder leer noch nicht-leer,
Und dies ist die wahre Gestalt des Tathagata.

29. Der Geist-Spiegel zeigt alles klar und ungehindert;
Grenzenlos durchdringt er die zahllosen Reiche.
In seiner Mitte spiegeln sich alle Dinge des Universums;
In diesem einen vollkommenen Licht
gibt es weder Innen noch Außen.

30. Die weite Leere verbannt Ursache und Wirkung;
Doch das bringt nur Unheil und Verwirrung.
Wer das Dasein zurückweist und sich an die Leere klammert,
Ist krank wie einer, der ins Feuer springt,
Um dem Ertrinken zu entgehen.

31. Illusionen zurückweisen und die Wahrheit festhalten –
Der Geist, in Gegensätzen gefangen,
Bringt nur geschickte Lügen hervor.
Schüler, die üben, ohne dies zu verstehen,
Machen einen Dieb zu ihrem eigenen Kind.

32. Der Reichtum des Dharma verliert sich,
Alle Verdienste verlöschen:
Das ist die Folge des unterscheidenden Denkens.
Daher lehrt Zen, sorgfältig in den eigenen Geist zu schauen
Und durch die Macht der weisen Einsicht
Geradewegs ins Ungeborene vorzudringen.

33. Der wirklich Große besitzt das Schwert der Weisheit,
Dessen Prajna-Schneide eine diamantene Flamme ist.
Es zerstört nicht nur nutzloses Wissen und Nichtwissen,
Es läßt auch die höchsten Dämonen verzagen.

34. Er läßt den Dharma-Donner grollen,
Er schlägt die Dharma-Trommel.
Er verbreitet Wolken des Mitleids und regnet süßen Tau.
Den Fußstapfen des großen Elefanten entspringen Wohltaten ohne Ende.
Die drei Fahrzeuge und die fünf Arten von Menschen erreichen alle Erleuchtung.

35. Das Gras in den verschneiten Bergen
ist nicht vermischt mit anderem Gras.
Der reine Käse von diesen Gipfeln ernährt mich stetig.
Ein Wesen durchdringt die ganze Natur,
Ein Ding enthält alle Dinge.

36. Ein Mond spiegelt sich in allen Wassern;
Alle Wasser-Monde haben den einen Mond.
Der Dharma-Leib aller Erleuchteten ist in meiner Natur;
Meine Natur ist eins mit Tathagata.

37. Der erste Schritt enthält alle Schritte;
Es hängt nicht ab von Form, von Geist oder Wirken.
Ein Schnalzen mit den Fingern, und 80 000 Lehren sind vollbracht;
Im Nu sind Äonen ausgelöscht.

38. Alle Zahlen und Begriffe sind Nicht-Zahlen und Nicht-Begriffe.
Was haben sie mit meinem inneren Erwachen zu tun?
Es ist jenseits von Lob und Tadel,
Wie leerer Raum kennt es keine Grenzen.

39. Nie getrennt vom Hier und Jetzt fließt es ständig über.
Suchst du es, so kannst du es nicht finden.
Du kannst es nicht ergreifen,
Und doch kommst du nicht los davon.
Weil du es schon hast, kannst du es nicht erlangen.

40. Im Schweigen redet es,
Im Reden schweigt es.
Das große Tor der wahren Liebe steht offen;
Es kennt keine Hindernisse.
Fragt jemand: „Welche Wahrheit hast du erkannt?“,
Sag’ ich: „Die Macht der transzendenten Weisheit!“

41. Manchmal sage ich „ja“, manchmal „nein“.
Die Menschen verstehen nicht.
Manchmal paß’ ich mich an, ein andermal nicht.
Nicht einmal der Himmel kann mein Verhalten ergründen.

42. Seit vielen Kalpas habe ich geübt;
Dies ist kein leeres Gerede, um dich zu täuschen.
Unter klarer Weisung Buddhas hißte Hui Neng die Fahne des Dharma
Und begründete die Lehre.

43. Mahakasyapa wurde das Licht zuerst übertragen;
28 Generationen sind überliefert in Indien.
Dann kam es über Flüsse und Seen in unser Land,
Und Bodhidharma wurde der erste Patriarch.
Wie alle wissen, wurde seine Robe durch sechs Generationen weitergereicht.
Unzählige haben nach ihm den Weg erlangt.

44. Die Wahrheit muß nicht verkündet werden;
Im Grunde ist auch das Unwahre leer.
Ist beides, Sein und Nicht-Sein, auf die Seite gelegt,
Ist selbst die Nicht-Leere leer.

45. Die zwanzig Ansichten der Leere
Können es im Grunde nie erreichen:
Die eine Natur des Tathagata
Bleibt immer die gleiche.

46. Geist ist die Grundlage, die Erscheinungen sind Staub.
Doch beide sind nur Flecken auf einem Spiegel.
Sind Schmutz und Staub weggewischt,
Leuchtet das Licht wieder klar.
Sind beide, Geist und Dinge, vergessen,
Erscheint die wahre Natur.

47. Ach, diese entartete Endzeit:
Die Menschen sind unglücklich und unbeherrscht.
Weit entfernt sind sie vom Zeitalter der Weisen,
Tief verwurzelt sind ihre falschen Ansichten.
Die Dämonen sind stark, das Dharma ist schwach,
Und überall wuchert das Böse.
Wenn sie die Lehre des Tathagata von der plötzlichen Erleuchtung vernehmen,
Geraten sie in Zorn,
Denn die können sie nicht wie einen Dachziegel zerschmettern.

48. Die Quelle des Handelns ist dein Geist,
Die Quelle des Leidens dein Leib:
Beklage dich nicht und beschuldige niemand.
Willst du nicht in unaufhörliches Leid geraten,
Lästere nie die wahre Lehre des Tathagata.

49. Im Sandelbaum-Hain wachsen keine anderen Bäume.
Nur der Löwe lebt in dieser tiefen Stille;
Frei streift er durch das friedliche Gehölz.
Weit entfernt bleiben die Vögel und alle anderen Tiere.

50. Die jungen Löwen folgen den Spuren des Rudels.
Schon die Dreijährigen brüllen laut.
Versuchen Schakale, sie nachzuahmen und König des Dharma zu spielen,
klingt es wie das Schwatzen von 100 000 Geistern.

51. Die Lehre der vollkommenen und plötzlichen Erleuchtung
Hat nichts mit menschlichen Gefühlen zu tun.
Hast du unlösbare Zweifel,
Komme mit deinen Einwänden sogleich zu mir.
Das sag' ich, der Bergmönch, nicht aus Geltungsbedürfnis,
Sondern aus Furcht, deine Übung könnte in eine Falle führen,
In falsche Ansichten über Verlöschen und Weiterleben.

52. Falsch ist nicht falsch und richtig ist nicht richtig;
Weich ab davon nur um Haaresbreite,
Und du verfehlst es um tausend Meilen.
Wenn richtig, wird selbst die Tochter des Drachen ein Buddha,
Wenn falsch, fährt selbst der große Schüler Zensho lebendig zur Hölle.

53. Seit meiner Jugend habe ich Wissen angehäuft,
Habe Sutren und Kommentare durchforscht,
Teilte alles in Namen und Formen ein – pausenlos, ohne zu ruh'n.
Doch es gleicht einem Sprung ins Meer, um den Sand zu zählen.
Umsonst habe ich mich völlig erschöpft.

54. Streng hat mich Tathagata dafür getadelt.
Was nützt es, den Schatz eines andern zu zählen?
Mir wurde klar: Ziellos bin ich umhergewandert,
Jahrelang wie Staub im Wind umhergetrieben.

55. Sind Menschen nicht von grundauf wahrhaftig,
verstehen sie es falsch
Und verfehlen das vollkommene und unmittelbare
Gesetz der Tathagata.
Die Schüler des Shravaka und Pratyeka mögen ernsthaft üben.
Es fehlt ihnen der reine Geist des Weges.
Jene außerhalb des Weges mögen viel wissen,
Doch mangelt ihnen transzendente Weisheit.

56. Dann gibt es einfältige und törichte Menschen,
Die glauben, in einer leeren Faust etwas zu finden.
Sie verwechseln den Zeigefinger mit dem Mond;
Ihr Tugendstreben ist erzwungen und verzerrt.
Verloren in einer Welt der Sinne und Objekte
Wandern sie völlig verwirrt umher.

57. Wer kein Ding mehr sieht, der ist der Tathagata.
Avalokitesvara kann man ihn nennen.
Wenn du verstehst, sind karmische Schranken von Grund auf leer.
Wenn du nicht verstehst,
Zahlst du alle deine Schulden zurück.

58. Die Hungrigen kommen vor eine königliche Tafel,
Aber sie können nicht essen.
Die Kranken treffen den König der Heiler.
Warum genesen sie nicht?

59. In dieser Welt voller Begierden Zen zu üben,
Ist die Kraft der weisen Einsicht.
Der Lotos blüht inmitten des Feuers
Und wird doch niemals zerstört.

60. Yuse, der Mönch, verletzte die Hauptgebote,
Doch erwachte er zum Ungeborenen.
Augenblicklich war er erleuchtet;
Heute noch lebt er.

61. Der Schall der furchtlosen Predigt
Wird leider nicht gehört.
Die Unwissenden, starrsinnig und hart wie Leder,
Wissen nur, daß Verbrechen der Erleuchtung im Wege stehn.
Das schon enthüllte Geheimnis des Tathagata verstehen sie nicht.

62. Zwei Mönche waren einst angeklagt wegen Sinnlichkeit und Mord.
Der ehrwürdige Upali mit dem Licht eines Glühwurms
Band sie nur noch stärker an ihre Verbrechen.
Vimalakirti aber, der große Laie, beseitigte ihre Zweifel sofort,
Wie die strahlende Sonne Schnee und Frost schmilzt.

63. Unzählbar wie der Sand des Ganges
Sind die Wunder der geheimnisvollen Kraft der Befreiung.
Besitzt sie jemand, scheue keine Mühe,
Ihm die vier Gaben darzubringen.
Auch wenn du ihm 10 000 Goldstücke gibst,
Deinen Körper in Stücke zerreißt und deine Knochen zermalmst –
Es wäre des Dankes noch nicht genug.
Ein Wort, wirklich erfahren, übertrifft Millionen Jahre der Übung.

64. Der König des Dharma ist unübertroffen;
Unzählige Tathagatas haben das gleiche bezeugt wie er.
Jetzt verstehe ich den wunscherfüllenden Juwel.
Wer ihn vertrauensvoll annimmt, bekommt alles, was ihm gebührt.

65. Wenn du klar und deutlich siehst, gibt es nicht ein Ding;
Weder Mensch noch Buddha.
Die zahllosen Welten des Universums sind wie Blasen im Meer,
Heilige und Weise nur kurz aufleuchtende Blitze.

66. Selbst wenn sich ein eisernes Rad über meinem Kopf drehte,
Klare Einsicht und Weisheit wird niemals vergehn.
Selbst wenn die Sonne erkaltete und der Mond erglühte,
Nicht einmal ein Heer von Dämonen könnte die
Wahrheit zerstören.

67. Der Elefantenwagen, so hoch wie ein Berg,
Bewegt sich bedächtig die Straße hinunter.
Wie könnte ihm eine Gottesanbeterin den Weg
versperren?

68. Der große Elefant spielt nicht auf dem Hasenpfad;
Große Erleuchtung befaßt sich nicht mit Einzelheiten.
Schmälere den unermeßlichen Himmel nicht,
Den du nur durch ein Schilfrohr gesehen.

69. Wenn du immer noch nicht verstehst,
Werde ich es für dich klären.

(Klassische Zen Texte)

Mensch werde wesentlich

1. Gott wohnt in einem Licht,
zu dem die Bahn gebricht.
Wer es nicht selber wird,
der sieht ihn ewig nicht.

2. Wenn ich in Gott vergeh,
so komm ich wieder hin,
wo ich in Ewigkeit
vor mir gewesen bin.

3. Du reisest vielerlei
zu sehn und auszuspähn.
Hast du nicht Gott erblickt,
so hast du nichts gesehn.

4. O Wesen, dem nichts gleicht.
Gott ist ganz außer mir,
und innen mir auch ganz,
ganz dort und auch ganz hier.

5. Die Gottheit ist ein Brunn',
aus ihr kommt alles her,
und läuft auch wieder hin.
Drum ist sie auch ein Meer.

6. Die Ros' ist ohn' Warum,
sie blühet, weil sie blüht.
Sie acht' nicht ihrer selbst,
fragt nicht, ob man sie sieht.

7. Mensch, werde wesentlich;
denn wenn die Welt vergeht,
so fällt der Zufall weg.
Das Wesen, das besteht.

8. Die Schrift ist Schrift, sonst nichts.
Mein Trost ist Wesenheit,
und daß Gott in mir spricht
das Wort der Ewigkeit.

9. Das überlichte Licht
schaut man in diesem Leben
nicht besser, als wenn man
ins Dunkle sich begeben.

11. Wie töricht tut der Mensch,
der aus der Pfütze trinkt
und die Fontäne läßt,
die ihm im Haus entspringt.

12. Wer hätte das vermeint:
Aus Finsternis kommt Licht,
das Leben aus dem Tod,
das Etwas aus dem Nichts.

13. Das edelste Gebet ist,
wenn der Beter sich in das,
vor dem er kniet,
verwandelt inniglich.

16. Ich selbst bin Ewigkeit,
wann ich die Zeit verlasse
und mich in Gott und Gott
in mich zusammenfasse.

17. Zeit ist wie Ewigkeit
und Ewigkeit wie Zeit,
so du nur selber nicht
machst einen Unterscheid.

19. Freund, so du etwas bist,
so bleib doch ja nicht stehn.
Man muß aus einem Licht
fort in das andre gehn.

20. Das Tröpflein wird das Meer,
wenn es ins Meer gekommen,
die Seele Gott, wenn sie
in Gott ist aufgenommen.

21. Halt an, wo läufst du hin?
Der Himmel ist in dir.
Suchst du Gott anderswo,
du fehlst ihn für und für.

23. Ach ja, wär ich im Du
und Du im Ich ein Ein,
so möchte tausendmal
der Himmel Himmel sein.

24. Die Menschen plappern viel.
Wer geistlich weiß zu beten,
der kann mit A und O
getrost vor Gott hintreten.

25. Meinst du, o armer Mensch,
daß deines Mund's Geschrei
der rechte Lobgesang
der stillen Gottheit sei?

26. Willst du den neuen Mensch'
und seinen Namen kennen,
so frage Gott zuvor,
wie er pflegt sich zu nennen.

27. Wer in dem Nächsten nichts
als Gott und Christum sieht,
der siehet mit dem Licht,
das aus der Gottheit blüht.

28. Gleich wie die Einheit ist
in einer jeden Zahl,
so ist auch Gott, der Ein',
in Dingen überall.

31. Wer seine Sinne hat
ins Innere gebracht,
der hört, was man nicht red't,
und siehet in der Nacht.

32. Eh' als ich noch war,
da war ich Gott in Gott;
drum kann ich's wieder sein,
wenn ich nur mir bin tot.

33. Wer mir Vollkommenheit,
wie Gott hat, ab will sprechen,
der müßte mich zuvor
von seinem Weinstock brechen.

34. Ein wahrer armer Mensch
steht ganz auf nichts gericht't.
Gibt Gott ihm gleich sich selbst,
ich weiß, er nimmt ihn nicht.

35. Im Eins ist alles Eins;
kehrt Zwei zurück hinein,
so ist es wesentlich
mit ihm ein ein'ges Ein.

36. Gott sind die Werke gleich:
der Heil'ge, wann er trinkt,
gefallet ihm sowohl,
als wenn er bet't und singt.

37. Gott tut im Heil'gen selbst
all's, was der Heil'ge tut,
Gott geht, steht, liegt, schläft, wacht,
ißt, trinkt, hat guten Mut.

38. Man kann den höchsten Gott
mit allen Namen nennen;
man kann ihm wiederum
nicht einen zuerkennen.

39. Hier fließ' ich noch
in Gott als Bach der Zeit.
Dort bin ich selbst das Meer
der ew'gen Seligkeit.

40. Du sprichst, du wirst
Gott sehen und sein Licht.
O Narr, du siehst ihn nie,
siehst du ihn heute nicht.

42. Ich bin so reich als Gott,
es kann kein Stäublein sein,
das ich – Mensch glaube mir! –
mit ihm nicht hab gemein.

43. Bist du in Gott gebor'n,
so blühet Gott in dir,
und seine Gottheit ist
dein Saft und deine Zier.

44. Gott ist so viel an mir,
als mir an ihm gelegen;
sein Wesen helf' ich ihm,
wie er das meine hegen.

45. Wer Gott um Gaben bitt',
der ist gar übel dran.
Er betet das Geschöpf
und nicht den Schöpfer an.

46. Erkenne selber dich.
Wer sich erkennen kann,
trifft inner sich oft mehr
als einen Menschen an.

47. Wer die Natur der Ding'
und Sachen will ergründen,
kennt alle, kann er recht
die Tür zu einem finden.

48. Gott ist ein lauter Nichts,
ihn rührt kein Nun noch Hier,
je mehr du nach ihm greifst,
je mehr entwird er dir.

49. Ich sterb' und leb' auch nicht.
Gott selber stirbt in mir.
Und was ich leben soll,
lebt er auch für und für.

50. Gott selber, wenn er dir
will leben, muß sterben.
Wie denkst du ohne Tod
sein Leben zu erwerben?

51. Ich bin nicht außer Gott
und Gott nicht außer mir.
Ich bin sein Glanz und Licht,
und er ist meine Zier.

52. Ich selbst muß Sonne sein,
ich muß mit meinen Strahlen
das farbenlose Meer
der ganzen Gottheit malen.

53. Wer selbst nicht alles ist,
der ist noch zu gering,
daß er dich sehen soll,
mein Gott, und alle Ding'.

55. Gott liebt und lobt sich selbst,
soviel er immer kann:
Er kniet und neiget sich,
er bet't sich selber an.

56. Weil ich das wahre Licht,
so wie es ist, soll sehn,
so muß ich's selber sein,
sonst kann es nicht geschehn.

57. Wenn du vergottet bist,
so ißt und trinkst du Gott.
Und dies ist ewig wahr
in jedem Bissen Brot.

60. Soll ich mein letztes End'
und ersten Anfang finden,
so muß ich mich in Gott
und Gott in mir ergründen.

61. Daß Gott so selig ist
und lebet ohn' Verlangen,
hat er sowohl von mir
als ich von ihm empfangen.

62. Ich bin so groß wie Gott,
er ist wie ich so klein;
er kann nicht über mir,
ich unter ihm nicht sein.

63. Mensch, wo du noch was bist,
was weißt, was liebst und haßt,
so bist du, glaube mir,
nicht ledig deiner Last.

65. Wer nichts begehrt, nichts hat,
nichts weiß, nichts liebt, nichts will,
der hat, der weiß, begehrt
und liebt noch immer viel.

66. Du darfst zu Gott nicht schrei'n,
der Brunnquell ist in dir.
Stopfst du den Ausguß nicht,
er flösse für und für.

70. So du das Ew'ge Wort
in dir willst hören sprechen:
So mußt du dich zuvor
vom Hören ganz entbrechen.

71. Mensch, so du Gott noch pflegst
für dies und das zu danken,
bist du noch nicht versetzt
aus deiner Schwachheit Schranken.

72. Wer ist, als wär' er nicht
und wär er nie geworden:
der ist – o Seligkeit! –
zu lauter Gott geworden.

73. Sofern mein Will' ist tot,
so muß Gott, was ich will.
Ich schreib' ihm selber vor
das Muster und das Ziel.

74. Die Rose, welche hier
dein äußeres Auge sieht,
die hat in Ewigkeit
in Gott auch so geblüht.

75. Die zarte Gottheit ist
ein Nichts und Übernichts.
Wer nichts in allem sieht,
– Mensch glaube, – dieser sieht's.

76. Mensch, wenn du noch nach Gott
Begehr' hast und Verlangen,
so bist du noch von ihm
nicht ganz und gar umfangen.

79. Gott ist das, was er ist; ich,
was ich durch ihn bin.
Doch kennst du einen wohl,
so kennst du mich und ihn.

80. Gott ist mein Geist, mein Blut,
mein Fleisch und mein Gebein;
wie soll ich dann mit ihm
nicht ganz durchgottet sein?

84. Nichts weset ohne Stimm'.
Gott höret überall,
in allen Kreaturen
sein Lob und Widerhall.

85. Die Kreaturen sind
des ew'gen Wortes Stimme.
Es singt und klingt sich selbst,
in Anmut und im Grimme.

86. Liebst du noch was an Gott,
so sprichst du gleich dabei,
daß Gott dir noch nicht Gott
und alle Dinge sei.

88. In Gott wird nichts erkannt:
Er ist ein Einig-Ein.
Was man in ihm erkennt,
das muß man selber sein.

89. Mensch, wenn dich weder Lieb
berührt noch Leid verletzt,
so bist du ganz in Gott
und Gott in dich versetzt.

90. Nicht du bist, der da lebt,
denn das Geschöpf ist tot!
Das Leben, das in dir
dich leben macht, ist Gott.

91. Was Gott ist, weiß man nicht!
Er ist nicht Licht, nicht Geist,
nicht Wonnigkeit, nicht Eins,
nicht was man Gottheit heißt.

(Angelus Silesius)

Die Sehnsucht

Ergreife den Saum Seiner Gnade,
weil Er dir im Nu entflieht;
Doch spann' ihn nicht straff gleich dem Pfeile,
weil Er dir vom Bogen entflieht! …

sieh, was für Formen Er annimmt,
und was für Künste Er kennt!
Er zeigt sich dir in Gestalten,
indess' Er der Seele entflieht.

Du suchst Ihn in Seinem Himmel:
da glänzt Er mondgleich im Meer;
Du stürzt dich voll Sehnsucht ins Wasser,
indess' Er zum Himmel entflieht.

Du suchst Ihn da, wo kein Ort ist
da deutet Er dir Seinen Platz;
Du suchst Ihn an jenem Orte,
indess' Er ins Nichts dir entflieht …

So flieht Er. Und willst du Ihn malen,
mit Linien begrenzen die Form,
So fliegt dir das Bild von der Tafel,
das Zeichen vom Herzen entflieht!

(Rumi)

Der Freund an der Türe des Freundes

Ein Freund kam und klopfte an die Türe des Freundes.
Dieser rief: „O Vertrauenswürdiger, wer bist du?"
„Ich!" sagte er.
„Geh fort!" befahl der Freund.
„Es ist noch nicht die rechte Zeit gekommen;
an einem solchen Tische ist kein Platz für den Unreifen." …

Jener Arme ging, und auf Reisen,
getrennt von dem Freunde,
brannte er – durch Feuerfunken – ein ganzes Jahr.
Der Gebrannte reifte.
Er kehrte zurück,
umkreiste wieder das Haus des Gefährten
und klopfte an die Türe voller Sorge,
daß nichts Ungebührliches von den Lippen komme.
Sein Freund rief:
„Wer ist an der Türe?"
Er antwortete: „Du selber bist es, o Dieb meines Herzens."
Der Freund erwiderte:
„Nun, da du ich bist,
o Ich, komm herein!
In diesem Hause ist für zwei kein Platz."

(Rumi)

Da ist ein seltsamer Baum

Da ist ein seltsamer Baum,
der steht ohne Wurzeln,
trägt Frucht ohne Blüten.
Er hat weder Zweige noch Blätter,
er ist Lotus über und über.
Dort singen zwei Vögel
der eine – der Meister, der andere – der Jünger.
Der Jünger wählt die vielerlei Früchte des Lebens
und versucht sie,
und der Meister schaut ihn an mit Freude.
Was Kabir sagt, ist schwer zu verstehen:
Der Vogel ist jenseits des Suchens,
dennoch ganz sichtbar in Klarheit.
Das Gestaltlose ist inmitten aller Gestalt.
Ich singe den Ruhm der Gestalt.

(Kabir)

Metta-Sutta

So soll der handeln, der das Heil erstrebt,
nachdem die stille Stätte er erkannt:
Er sei energisch, aufrecht, unbeirrt,
doch sanft und ansprechbar und ohne Stolz.

Genügsam sei er und bescheiden,
nicht betriebsam, aber klug,
er zügle seine Sinne, habe leicht genug.
Den Wesen allen werde Glück und Frieden,
sie alle mögen glücklich sein!

Was immer es an Lebewesen gebe,
ob sie umherziehn mögen oder seßhaft seien,
klein, mittel oder hochgewachsen,
schwächlich, handfest oder stark,
vor Augen oder im Verborgenen,
hier in der Nähe oder fern daheim,
geboren oder erst noch im Entstehen –
die Wesen alle mögen glücklich sein!

Er sollte niemals einen andern schmähen
und niemanden, wo immer auch, verachten;
aus Ärger und aus feindlicher Gesinnung
soll niemand je nach Unheil wieder trachten.
Gleich einer Mutter, die den eigenen Sohn,
den einzigen, beschützt mit ihrem Leben,
soll gegenüber allen Wesen er
den Geist von Schranken frei zu machen streben.

Zur ganzen Welt soll Güte er entfalten
und seinen Geist von Schranken ganz befrein,
nach oben, unten und auch in der Breite,
nicht eingeengt von Haß und Feindschaft, sondern rein.

Ob stehend, gehend, sitzend
oder liegend soll diese Geisteshaltung er erzeugen
und nie der Schlaffheit je erliegen.
Das nennt man „Göttliches Verweilen“ in der Welt.

(Sutra von der Güte)

Und doch will ich es sagen

O, wie soll je ich bekunden das verborgene Wort?
O, wie kann ich sagen,
Er ist diesem nicht gleich
und gleicht jenem?
Wenn ich sage: Er ist in mir,
so ist das All beschämt.
Wenn ich sage: Er ist außer mir,
so ist es Lüge.
Er macht die inneren und
die äußeren Welten
zu einer unteilbaren Einen.
Das Bewußte und das Unbewußte sind beide
Schemel Seiner Füße.
Er ist weder offenbart noch verborgen,
Er ist weder ent- noch verhüllt:
es gibt keine Worte
zu künden,
was Er ist.

(Kabir)

Shinjin-Mei

Verse über den Glaubensgeist
von Seng-t'san

Der höchste Weg ist nicht schwer,
wenn du nur aufhörst zu wählen.
Wo weder Liebe noch Haß,
ist alles offen und klar.
Aber die kleinste Unterscheidung
bringt eine Distanz wie zwischen Himmel und Erde.
Soll ES sich dir offenbaren,
laß Abneigung wie Vorliebe beiseite.

Der Konflikt zwischen Neigung und Abneigung
ist eine Krankheit des Geistes.
Wird diese tiefe Wahrheit nicht verstanden,
versuchst du deine Gedanken vergeblich zu beruhigen.

Der Weg ist vollkommen wie leerer Raum,
ohne Mangel und ohne Überfluß.
Nur wenn du wählst und zurückweist,
geht das Sosein verloren.
Jage nicht äußeren Erscheinungen nach,
verharre auch nicht in der Erfahrung der Leerheit.
Bleibe gelassen im Einen,
und alle Verwirrung verschwindet von selbst.
Stellst du das Tätigsein ein
und kehrst zur Ruhe zurück,
ist dieses Bemühen selbst nur wieder Tätigkeit.
Wie willst du je das Eine erfahren,
wenn du in die Zweiheit verstrickt bleibst?
Wer ins Eine nicht vordringt,
wird in keinem Bereich daheim sein.
Existenz zu verachten
heißt, Existenz zu verlieren.
Der Leerheit zu folgen heißt,
sich gegen die Leerheit wenden.

Je mehr Worte und Gedanken,
desto weiter entfernt von der Wirklichkeit.
Schneide Worte und Gedanken ab,
und ES durchdringt alles.
Kehrst du zur Wurzel zurück,
erfaßt du die Wahrheit.
Hängst du der Erscheinungswelt nach,
verfehlst du das Wesen.
Ein Augenblick innerer Erleuchtung
trägt über die erste Leere hinaus.

Veränderungen in dieser relativen Leere
sind nichts anderes als Täuschung.

Kein Grund, die Wahrheit zu suchen,
laß all deine Meinungen fahren.
Zwiespältigkeit halte nicht fest.
Sei achtsam und folge ihr nicht.
Auch nur eine Spur von richtig und falsch,
und der Geist ist in Wirren verloren.

Weil es das Eine gibt, existieren die Zwei,
doch halt' auch nicht fest an dem Einen.
Wenn der Geist der Einheit nicht entsteht,
sind die zehntausend Dinge nicht schuld.
Wo keine Schuld ist, ist auch kein Ding.
Das Subjekt vergeht mit dem Objekt.
Das Objekt vergeht mit dem Subjekt.
Das Objekt ist Objekt wegen des Subjekts.
Und Subjekt ist Subjekt wegen des Objekts.
Willst du beide Ebenen kennen,
sie sind ursprünglich die eine Leerheit.
Die eine Leerheit ist die gleiche in beiden.
In gleicher Weise enthalten sie alle Dinge.
Unterscheidest du nicht zwischen fein und grob,
wie kann es dann Vorurteile geben?

Der große Weg ist dem Wesen nach weit.
Nichts ist leicht, nichts schwierig.
Engherzige Ansicht führt zu Besorgnis.
Je mehr du eilst, um so länger brauchst du.
Hängst du an solchen Ansichten, verlierst du das Maß
und gehst in die Irre.
Laß los, und alles ist natürlich.
In der Wesensnatur gibt es kein Kommen und Gehen.
Handle gemäß deiner Natur,

und du stimmst mit dem Weg überein,
gehst ihn gelassen und frei ohne Sorge.

Gedanken lenken ab von der Wahrheit.
Aber ein dumpfer Geist bringt es auch nicht.
Wenn du verabscheust, verwirrt sich der Geist.
Was hilft es schon, für oder gegen etwas zu sein?
Wenn du das eine Fahrzeug nehmen willst,
hege keine Abneigung gegen die Welt der Sinne.
In der Tat, wer die Sinneswelt nicht haßt,
ist eins mit der wahren Erleuchtung.

Der Weise hat keine Ziele,
die Unwissenden lassen sich fesseln;
denn obwohl es einen Unterschied zwischen
den Dingen nicht gibt,
bleiben sie an manchen hängen.
Ist das nicht ein gewaltiger Fehler?
Ruhe und Unruhe kommen aus der Illusion,
Erleuchtung kennt weder Vorliebe noch Abneigung.

Alle dualistischen Ansichten
kommen aus falschen Schlüssen.
Sie sind Träume, Phantasien und Flecken vor deinen Augen.
Warum versuchst du, sie zu fassen?
Gewinnen und verlieren, richtig und falsch,
laß sie ein für allemal ziehen.

Wenn die Augen nie schlafen,
hören die Träume von selbst auf.
Wenn der Geist nicht unterscheidet,
sind alle Dinge das eine Sosein.
Das Wesen dieses einen Soseins ist ein Geheimnis:
unbewegt, absolut, alle karmische Bindung vergessend.
Siehst du alle Dinge gleich,
kehren sie heim zum natürlichen Sein.
Ursachen verschwinden, und Vergleiche sind nicht möglich.

Bewege dich nicht, und die Bewegung hört auf.
Bringe Ruhe in die Bewegung, und es gibt keine Ruhe.
Wenn beide nicht sind, kann eines dann sein?
Im Absoluten sind keine Regeln.
Der Geist in Einklang mit ihm wird unparteiisch
und hört auf, zu planen und zu streben.
Wenn Zweifel und Argwohn ausgeräumt,
ist wahrer Glaube leicht gewonnen.

Alle Dinge sind vergänglich,
nicht notwendig, sie sich zu merken.
Leer, klar und selbstleuchtend
bemüht der Geist sich nicht.
Das ist der Platz des Nichtdenkens,
schwer auszuloten mit Intellekt und Gefühl.

In der Dharmawelt des Soseins
ist kein Anderes und kein Ich.
Wenn man dich bittet, es sofort zu erklären,
kannst du nur sagen: „Nicht-Zwei".
Wenn „Nicht-Zwei", dann ist alles gleich,
nichts, was nicht eingeschlossen wäre.
Die Weisen der zehn Richtungen
sind alle in diese Weisheit eingetreten.

Es ist jenseits von Ausdehnung und Zusammenziehung.
Ein Augenblick der Wahrnehmung ist zehntausend Jahre.
Weder Sein noch Nichtsein,
das ganze Universum liegt vor deinen Augen.
Das unendlich Kleine ist gleich dem Großen,
Grenzen sind verschwunden.
Das unendlich Breite ist gleich dem Schmalen,
keine Teilung ist sichtbar.

Sein ist nichts anderes als Nichtsein,
Nichtsein nichts anderes als Sein.

Wenn es für dich nicht so ist,
bleib keinesfalls in diesem Bewußtseinsstand.
Alles ist eins, eines ist alles.
Wenn du das erfährst,
warum ängstigst du dich dann, Vollendung nicht
zu erreichen?

Der Glaubensgeist ist Nicht-Zwei.
Nicht-Zwei ist der Glaubensgeist.
Worte gehen fehl, es zu benennen.
Es ist nicht von der Vergangenheit,
der Zukunft oder Gegenwart.

(Klassischer Zen Text)

Ich bin da

„Seine Jünger sprachen zu Jesus:
Das Reich, wann wird es kommen?
Jesus antwortete:
Das Reich ist nicht etwas,
auf das man warten müßte,
bis es kommt;
daß man sagen müßte:
siehe her, oder dort.
Sondern das Reich des Vaters
ist schon über der Erde ausgebreitet,
nur die Menschen
sehen es nicht."

„Jesus sprach:
Ich bin das Licht,
das über allen ist.
Ich bin das All.

Das All ist aus mir hervorgegangen
und das All ist zu mir zurückgelangt.
Spaltet ein Stück Holz,
und ich bin da.
Hebt einen Stein,
und ihr findet mich
dort."

Thomas-Evangelium

Lied auf Zazen

Alles Seiende ist der Natur nach Buddha,
wie Eis seiner Natur nach Wasser ist.
Getrennt vom Wasser gibt es kein Eis
getrennt vom Seienden kein Leben des Buddha.

Wie traurig, daß die Menschen das Nahe nicht achten
und die Wahrheit in der Ferne suchen:
Wie einer, der mitten im Wasser aufschreit vor Durst,
wie ein Kind aus wohlhabendem Haues, das umherirrt unter den Armen.

Verloren auf des Unwissens dunklen Pfaden
zieh'n wir dahin durch die sechs Welten,
von dunklem Pfad zu dunklem Pfad.
Wann werden wir frei von Geburt und Tod?

O Zazen des Mahayana! Ihm sei höchstes Lob!
Mildtätigkeit, Gebote, die vielen Paramitas,
das Wiederholen des Namen Buddha, Zerknirschung, Übung
und zahllose andere guten Werke – alle haben ihren Ursprung darin.

Wer nur einmal Zazen versucht,
löscht zahllose vergangene Sünden.
Wo sind die dunklen Pfade geblieben?
Das Reine Land ist nicht fern.

Wer nur einmal diese Wahrheit hört
und ihr dankbaren Herzens lauscht,
sie preist, sie verehrt,
erlangt Segnungen ohne Ende.

Jene aber, die sich nach innen wenden
und die Selbst-Natur bezeugen
– die Selbst-Natur, die eine Nicht-Natur ist –,
geh'n über bloße Lehren weit hinaus.

Das Tor der Einheit von Ursache und Wirkung öffnet sich.
Der Weg, der weder zwei noch drei ist, führt geradeaus.
Als Form, die Nicht-Form ist, sind wir nie irgendwo anders,
ob wir kommen oder gehen.
Als Gedanke, der Nicht-Gedanke ist,
sind selbst Gesang und Tanz die Stimme des Dharma.

Wie grenzenlos frei der Himmel des Samadhi!
Wie hell der volle Mond der vierfachen Weisheit!
Fehlt noch etwas in diesem Augenblick?
Nirvana vor unseren Augen.
Das Lotos-Land an diesem Ort.
Dieser Leib das Leben des Buddha.

(Hakuin Zenji)

Tröstung

Wer diese Rede nicht versteht,
der bekümmere sein Herz nicht damit.
Denn solange der Mensch
dieser Wahrheit nicht gleicht,
solange wird er diese Rede nicht verstehen.
Denn es ist eine unverhüllte Wahrheit,
die da gekommen ist
aus dem Herzen Gottes
unmittelbar.

(Meister Eckehart)

Schlusswort

„Suchet und Ihr werdet finden“ …

(Jesus von Nazareth)

„Ich suche nicht, ich finde“ …

(Pablo Picasso)

„Suche nicht und Es findet Dich!“ …

(Willigis Jäger)

„Sucht Euch was aus!“

(Die Herausgeber)

Quellennachweis

Al-Halladsch, „O Leute, rettet mich vor Gott“, Ausgewählt, übersetzt und eingeleitet von Annemarie Schimmel, Herder-Verlag, 1995, Seite 23

Angelus Silesius, Der cherubinische Wandersmann, Angelus Silesius, Der Himmel ist in dir, Benzinger-Verlag Zürich , 1997, Seite 45–135

Ausländer, Rose, Wieder ein Tag aus Glut und Wind. Gedichte, © Fischer-Verlag Frankfurt 1986, Band 6

Dajo Kokushi, Traditionelle Zen-Texte des Buddhismus, aus dem Japanischen übersetzt von Joan Rieck und Willigis Jäger. Rechte der Übersetzung Haus St. Benedikt, Würzburg

Der Ochs und sein Hirte, Eine altchinesische Zen-Geschichte. Verlag G. Neske, Pfullingen, 1976

Deutsche Mystik, Der Weg der Meister 2, ausgewählt und neu übertragen von P. Ermin Döll, Meditationshaus St. Franziskus, Klostergasse 8, Dietfurt, Altmühltal, Seite 36

Dionysios Areopagita, Ich schaute Gott im Schweigen, Herderbücherei 1221, Freiburg 1985

Meister Eckhart, Der Weg der Meister 2, ausgewählt und neu übertragen von P. Ermin Döll, 1988, Eigen Verlag: Erwin Döll, Charausgasse 54, A-1230 Wien; Seite 248, ebd. Seite 242 und 178. Meister Eckehart, Deutsche Predigten und Traktate, Carl Hanser Verlag München 1963, Reden der Unterweisung, Seite 61, ebd. Predigt 6, Seite 180. Der Weg der Meister 2, ausgewählt und neu übertragen von P. Ermin Döll, Meditationshaus St. Franziskus, Klostergasse 8, Dietfurt, Altmühltal, Seite 47, ebd. Seite 48. Meister Eckehart, Deutsche Predigten und Traktate, Carl Hanser Verlag München 1963, Predigt 59, Seite 453/436. Der Weg der Meister 2, ausgewählt und neu übertragen von P. Ermin Döll, Meditationshaus St. Franziskus, Klostergasse 8, Dietfurt, Altmühltal, Seite 69, 67. Meister Eckehart, Deutsche Predigten und Traktate, Carl Hanser Verlag München 1963, Predigt 6, Seite 181, ebd. Predigt 7, Seite 185, ebd. Predigt 13, Seite 213. Meister Eckehart, Deutsche Predigten und Traktate, Carl Hanser Verlag München 1963 Predigt 32, Seite 308, ebd. Seite 7

ENDE, MICHAEL, Momo, © K. Thienemanns Verlag Stuttgart – Wien 1973, Seite 36/37

ERFAHRUNGSBERICHTE, Erfahrungsberichte der Schüler von Willigis Jäger, alle Rechte bei Willigis Jäger, Haus St. Benedikt, Würzburg

FRIDOLIN STIER, Vielleicht ist irgendwo Tag, F. H. Kerle Verlag, Freiburg 1981, Seite 383–384

FRIED, ERICH, Was es ist. © Erich Fried. Gesammelte Werke, Wagenbach-Verlag, Berlin 1998, Band 3, Seite 35

JEAN GEBSER, Gesamtausgabe, Novalis-Verlag 1986, Band 7, Seite 29

Gerhard Wehr, Jean Gebser, Via Nova-Verlag, 36100 Petersberg, 1996, Seite 248/249

GÜNDERODE, KAROLINE VON, Der Schatten eines Traumes. Hg. v. Christa Wolf. DTV Verlag München 1997.

HADEWIJCH VON ANTWERPEN, Odette Baumer-Despeigne. 1988 Seite 16 und 20, Alle Rechte bei Haus St. Benedikt Würzburg

HAKUIN ZENJI, Traditionelle Zen-Texte des Buddhismus, aus dem Japanischen übersetzt von Joan Rieck und Willigis Jäger. Rechte der Übersetzung Haus St.Benedikt, Würzburg

HAMMARSKJÖLD, DAG, Zeichen am Weg, © Droemer Knaur Verlag, München 1965, Seite 37, Seite 111/112, Seite 83

HERZ-SUTRA, Traditionelle Zen-Texte des Buddhismus, aus dem Japanischen übersetzt von Joan Rieck und Willigis Jäger. Rechte der Übersetzung Haus St. Benedikt, Würzburg

JOHANNES VOM KREUZ, © Walter Repges, Der Sänger der Liebe, Echter-Verlag Würzburg 1985, Seite 115/116, Seite 27–29

KABIR, Kabir, Im Garten der Gottesliebe, Hermes-Verlag Heidelberg 1984, Seite 54, Seite 70, Seite 80, Seite 42, Seite 51, Seite 61, Seite 62, Seite 3, Seite 55, Seite 16, Seite 39, Seite 52, Seite 4, Seite 33, Seite 6, Seite 14, Seite 89, Seite 1, Seite 94, Seite 32, Seite 52, Seite 59, Seite 9.

METTA-SUTTA, Traditionelle Zen-Texte des Buddhismus, aus dem Japanischen übersetzt von Joan Rieck und Willigis Jäger. Rechte der Übersetzung Haus St. Benedikt, Würzburg

NIETZSCHE, FRIEDRICH, Karl Hanser-Verlag, Müchen 1955, Band 2, Seite 1128, 1131, 1132, wie oben, Band 2, Seite 32. Ludwig Reiners, Der ewige Brunnen, Verlag C. H. Beck, München 1955, Seite 920

PAULUS, 1. Kor.13,1 ff.

PESSOA, FERNANDO, Esoterische Gedichte, Mensagem/Botschaft, Englische Gedichte. Deutsch von Georg Rudolf Lind, © Amman-Verlag, Zürich 1989, Seite 9, ebd. Seite 31.

RILKE, RAINER MARIA, Sämtliche Werke, Insel-Verlag Frankfurt, 1955, Band 1, Gedichte, Seite 687/688, Seite 880, Seite 254, Seite 319, Seite 265, Seite 308, Seite 255.

RUMI, Rumi, Flammen der Liebe, Hermes-Verlag, Heidelberg 1988, Seite 23

Annemarie Schimmel, Rumi, Eugen DiederichsVerlag, Köln,1978 Seite 198/199

Rumi, Das Lied der Liebe, Heyne-Verlag, München 1996, Seite 125, 127

Ich bin: Seite 126, Der Dichter: Annemarie Schimmel, Rumi, Eugen Diederichs-Verlag Köln,1978 Seite 198/199 Seite 76, ebd. Seite 26, ebd. Seite 196. Reynold Alleyne Nicholson, Rumi, Poet and Mystic, London 1950, Seite 87, Übersetzung Haus St. Benedikt, Würzburg. Annemarie Schimmel, Rumi, Eugen Diederichs Verlag, Köln,1978 Seite 87/88. Rumi, Die Flucht nach Hindustan, Castrum Peregrini Presse, 1000 AP Amsterdam, Postbox 645 1989, Seite 26.

SAINT-EXUPERY, ANTOINE DE, Die Stadt in der Wüste, © 1956 Karl Rauch-Verlag, Bad Salzig und Düsseldorf, Seite 199–201

SALES, FRANZ VON, Anleitung zum frommen Leben, Philothea, Deutsche Ausgabe der Werke des hl. Franz von Sales, Band 1, Eichstätt 1959, Seite 226

SHINJIN-MEI (Seng-t'san), Traditionelle Zen-Texte des Buddhismus, aus dem Japanischen übersetzt von Joan Rieck und Willigis Jäger. Rechte der Übersetzung Haus St. Benedikt, Würzburg

SKACEL, JAN, Wundklee, © S. Fischer-Verlag, Frankfurt am Main 1982, Seite 9.

SOPP, GERTRUD, Rechte bei Getrud Sopp, Haus St. Benedikt Würzburg.

SZYMBORSKA, WISLAWA, Gedichte, © Suhrkamp-Verlag, Frankfurt 1997, Seite 231, 232, Seite 269, 270, Seite 214/215.

TAULER, JOHANNES, Der Weg der Meister 2, ausgewählt und neu übertragen von P. Ermin Döll, Meditationshaus St. Franziskus, Klostergasse 8, Dietfurt, Altmühltal, Seite 85, 253, 223, ebd. Seite 52/53, ebd. Seite 279/278.

THICH NHAT HANH, Ich pflanze ein Lächeln, Wilhelm Goldmann Verlag, München 1991, Seite 145–147

TSCHUNAG-TSE, Chuang-tse, Die Welt, Verlag Dr. J. H. Röll, Dettelbach 1996, Seite 37

THOMAS-EVANGELIUM, Apokryphe Evangelien aus Nag Hamadi, O.und R. Dingfelder-Verlag, 8138 Andechs 1988, Seite 219 und Seite 212

VIER GROßE GELÜBDE, Traditionelle Zen-Texte des Buddhismus, aus dem Japanischen übersetzt von Joan Rieck und Willigis Jäger. Rechte der Übersetzung Haus St. Benedikt, Würzburg.

WOLFF, KATJA, Der kabbalistische Baum, © Droemer/Knaur, München 1989, Seite 48

YOKA DAISHI, Shodoka, Gesang vom Erkennen des Tao. Traditionelle Zen-Texte des Buddhismus, aus dem Japanischen übersetzt von Joan Rieck und Willigis Jäger. Rechte der Übersetzung Haus St. Benedikt, Würzburg.

Gedichtanfänge und -Überschriften in alphabetischer Reihenfolge

Inspiration

Willigis Jäger

Aufbruch in ein neues Land

Erfahrungen eines spirituellen Lebens

Band 5381

„Aufbruch“ ist nicht allein Bild für den inneren Weg, sondern für den Mut, immer wieder Sicherheiten aufzugeben und das Wagnis einer neuen Existenz einzugehen.

Willigis Jäger

Die Welle ist das Meer

Mystische Spiritualität

Band 5046

Mystik, was ist das? Eine Sicht, die enge Grenzen sprengt und den tiefen Reichtum auch anderer religiöser Kulturen erschließt.

Willigis Jäger

Kontemplation

Gott begegnen – heute

Band 5278

Schritt für Schritt zeigt der Autor den Weg auf, der darin besteht, loszulassen und sich einzulassen auf Erfahrungen des Göttlichen.

Niklaus Brantschen

Erfüllter Augenblick

Wege zur Mitte des Herzens

Band 5030

Lärm, Unruhe, Hektik, Stress, Zerstreutheit – damit unser Leben nicht davon überwältigt wird, können wir Oasen der Stille suchen und ein neues Gefühl für das Leben finden.

Anselm Grün

Herzensruhe

Im Einklang mit sich selber sein

Band 4925

Leistung und äußerlicher Wohlstand allein können nicht bringen, wonach sich Menschen wirklich sehnen: innere Ruhe und Seelenfrieden. Der moderne Seelenführer zu einem tieferen Leben.